건강을 지키는 약선요리 55

건강을 지키는 **약선요리 55**

1쇄 찍음 / 2006년 9월 15일
1쇄 펴냄 / 2006년 9월 20일
2쇄 펴냄 / 2008년 1월 10일

지은이 / 길영철, 배영숙
펴낸이 / 김태봉
편 집 / 황은진, 김주영, 정종해, 김미란, 조시형, 김경임
영 업 / 박상필, 김영길, 이준혁, 김명준
본문 사진 / 김홍용
등 록 / 제5-213호
펴낸곳 / **한솜미디어**

주소 / (우143-200) 서울시 광진구 구의동 243-22
전화 / (02)454-0492, 팩시밀리 (02)454-0493
HomePage http://hansom.co.kr
E-mail hansom@hansom.co.kr

값 15,000**원**

ISBN 89-5959-063-0 13590

건강을 지키는

약선요리 55

길영철/배영숙 지음

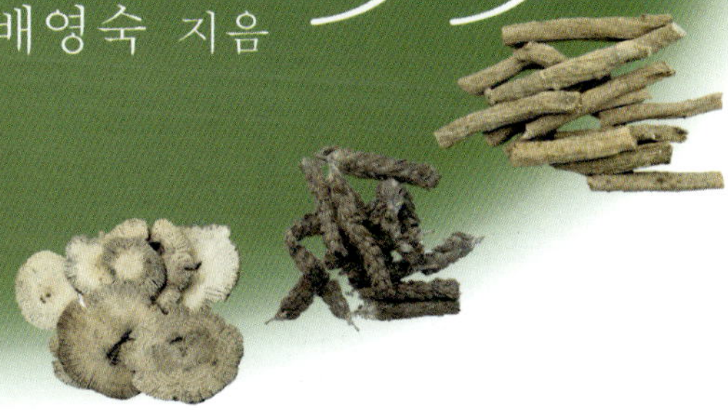

한솜미디어

머리말

우리나라의 건강에 관련된 말 중에 '약보(藥補)보다는 식보(食補)'라는 말이 있다. 즉 몸을 보함에 있어 약보다는 음식으로 보함이 먼저라는 뜻이다.

또한 동양의학의 경전인 황제내경의 소문편에는 "곡식과 고기, 과일과 채소로서 몸을 기른다. 그러나 지나치지 말라"의 구절이 있다. 이 역시 적당히 음식을 섭취하여 생활함이 건강에 중요한 일임을 말하고 있다.

중국 당나라의 명의인 손사막(孫思邈)은 "무릇 병을 치료하고자 하는 이는 먼저 음식으로 치료하고 듣지 아니하면 그 후 약을 쓴다"하였다.

한의본초학의 큰 책인 본초강목과 우리나라의 한의학 경전인 동의보감을 보더라도 이 책들에는 쌀, 보리 등의 곡식, 쇠고기, 돼지고기 등의 고기류, 사과, 배 등의 과일류, 배추, 무 등의 채소류가 총 망라되어 있다.

즉 사람이 먹는 음식 중 약이 아님이 없으니 병을 치료하거나 예방을 하고자 하는 때에는 음식을 적절히 가려 먹고 그 다음으로 약을 쓸 일이다.

환자를 상담하다보면 약을 처방하면서도 약 이외의 음식으로서 병을 더 가볍게 할 수 있을 터인데 하는 아쉬움이 항상 남아 있었다.

아직 우리나라에 병을 치료할 때 음식을 같이 하거나 하는 분야의 연구가 활발하지 아니하여 본 책이 이 분야의 발전을 촉진하는 촉매제가 되기를 바라는 마음에서 이 책을 쓰게 되었다.

그리고 이 책을 만드는 데 많은 조언을 주신 캐나다 토론토에서 동룡당(東龍堂) 한의원을 운영 중이신 대만출신 한의사 오건훈(吳建勛) 선생께 감사를 드리고 사진촬영을 담당하여준 김홍용군에게도 감사드린다.

寓居 琴竹軒에서
길영철

제1장 · 건강과 식보

제2장 · 약선요리 55선

· 쇠고기, 돼지고기, 양고기

· 닭, 오골계

· 죽, 떡, 기타

제3장 · 음식과 건강관리

제4장 · 약재류 보기

*참고문헌 : 방약합편, 동의수세보원, 황제내경, 금궤요략

1. 건강과 식보

- 한의학에서의 건강
- 의식동원
- 인체의 구성과 음식
- 치미병(治未病)

한의학에서의 건강

한방에서의 건강의 정의는 신체의 음양이 조화되어 신체기능이 정상적으로 영위되고 있음을 말한다.

한의학의 최고 고전인 황제내경에서는 이를 음양화평지인(陰陽和平之人)이라 한다.

▌음양은 무엇인가?

이에 대한 답은 황제내경 제3장 생기통천론(生氣通天論)에서는 "음은 생명의 원동력인 정기를 축적하고 양은 신체의 외부를 둘러싸고 나쁜 기운의 침입을 막는다"고 하였다. 즉 음은 생명의 원천이요, 양은 이를 보호하는 기능을 말한다. 그러나 음양은 그 근원이 같은 것으로서 음양 상호간에 서로 영향을 주어 따로 분리하여서는 있을 수가 없는 것이다. 음은 그 근원을 양에 두고 있고, 양은 음에 그 뿌리가 있으니 병을 고치고자 하는 이는 음양을 적절히 이용하여야 한다고 하였다.

이것을 옛 의서에서는 다음과 같이 표현하였다.

陰陽源同一氣 陰根於陽 陽根於陰 陰中求陽 陽中求陰 (景岳全書)

고대의 의서인 경악전서에서는 "음양은 원래 동일한 기운으로 음은 그 뿌리가 양에 있고 양은 그 뿌리가 음에 있다. 음에서 양을 구하고 양에서 음을 구한다"라고 하였다.

이를 현대의학적인 관점에서 보면 음은 각종 호르몬에 의한 신체기능의 조절작용이고, 양은 인체의 외부로부터의 방어기능에 해당된다 하겠다.

실제 임상에서는 당뇨병은 췌장호르몬의 부족, 여성갱년기 장애증상은 여성난소호르몬의 부족, 갑상선기능항진과 기능저하는 갑상선호르몬의 과부족에 의하여 생기는데 한의학에서는 이를 음과 관련하여 해석을 하고 처방을 한다.

건강하지 않다는 것은 신체의 음양의 균형이 깨어져 신체의 기능에 이상이 있음을 뜻한다.

음양의 균형이 맞지 않는 경우를 보면 다음의 다섯 경우가 있을 수 있다.

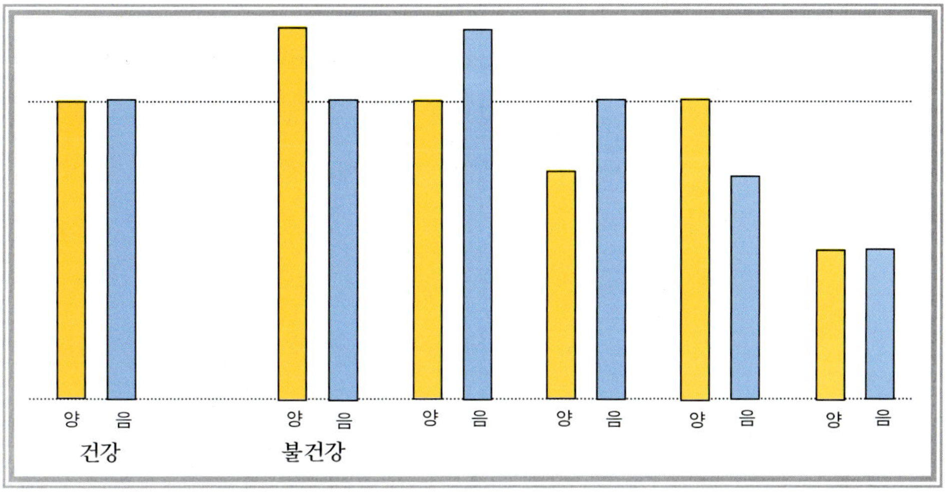

건강은 음양이 균형을 이루고 있고

불건강 1은 양실(陽實) 양이 지나치고

불건강 2는 음실(陰實) 음이 지나치고

불건강 3은 양허(陽虛) 양이 모자라며

불건강 4는 음허(陰虛) 음이 모자라며

불건강 5는 음양양허(陰陽兩虛)로 음과 양이 모두 모자란다.

양실증과 음실증은 외부의 나쁜 기운이 침입하여 병이 생긴 경우로서 하늘의 천기 즉 기후에 의하여 병이 생기는 경우이다. 한방에서는 이를 6가지의 나쁜 기운 즉 육음(六淫)이라하여 풍한서습조화(風寒暑濕燥火)를 말한다. 풍은 바람이며 한은 추위, 서는 더위, 습은 습기, 조는 마른 기운, 화는 뜨거운 기운이다. 예를 들면 겨울철의 감기는 풍한사 즉 바람과 추위에 의한 감기이며, 여름감기는 풍열감기 즉 바람과 열에 의한 감기가 많다. 한습이 많으면 음실증이 되기 쉽고 더위를 먹음은 양실증이다. 그러나 외부의 나쁜 기운이 침입하여도 병에 걸리는 사람이 있는가하면 그렇지 아니한 사람도 있다. 이는 그 사람의 신체내부의 저항력 혹은 면역력에 따라 병이 걸리고 말고 하는 것이다. 3, 4, 5의 경우에서의 양허 음허 음양양허는 내부의 저항력과 면역기능을 말함이다.

양허의 현상은 양기가 부족한 상태로서 어린이 성장부진, 손발의 차가움, 복부냉증, 새벽설사, 야뇨증, 빈뇨증의 형태로 나타난다.

음허의 현상은 음이 허하여 양을 잡아주지 못함으로 외부로 허열이 나타나게 된다.

이러한 증상이 여성의 갱년기에서 흔히 볼 수 있는 얼굴 손발의 화끈거림이며 당뇨병, 갑상선기능항진도 이 경우에 속하는 경우가 많다. 이럴 때에는 음이 부족하므로 부족한 음을 약재나 음식 혹은 침을 이용하여 신체의 음양의 균형을 바르게 하는 방법을 쓴다.

양허에 쓸 수 있는 즉 양기를 보충하는 약재로서는 인삼, 녹용이 대표적이고 음식으로서는 개고기, 양고기, 쇠고기, 사슴고기, 새우, 호도 등이 있다.

음허에 쓰이는 즉 음을 보충하는 약재로서는 숙지황, 둥글레, 당귀, 더덕, 백합과 같은 것이 있고 음식으로는 자라, 토끼고기, 돼지고기, 오징어, 해삼, 전복과 같은 것이 들어간다.

이에 의하여 혈액이 부족한 빈혈증에는 숙지황, 당귀를 주로 하는 사물탕을 쓰는 것이고 감기 후에 폐에 열이 남아 기침을 하고 목이 마른 경우에는 더덕 즉 사삼을 쓰는 것이다.

큰 병을 앓고 난 후이거나 노년기에 들어가면 음과 양이 다 같이 부족한 음양양허형이 된다. 이럴 때는 음과 양을 보충하는 약재와 음식을 같히 쓰니 대표적인 방제가 십전대보탕이다. 그러나 많은 사람들이 몸이 허하다하여 음양을 가리지 않고 녹용 인삼 부자와 같은 뜨거운 약재를 우선 많이 쓰니 이는 잘못된 일이다. 값 비싼 인삼, 녹용보다는 구기자, 둥굴레, 백합이 훨씬 좋은 약이 되는 경우도 많다.

음을 보충하지 않고 지나치게 양기를 올리면 양기가 밖으로 새어 나타나는 현상이 피부가 건조하여 윤택을 잃고 얼굴이 상기되며 눈이 충혈 되는 증상이다.

신체내부에서 음과 양이 균형이 맞다함은 무엇인가?

사람의 신체기능은 보일러에 비유할 수 있다.

즉 밑에서 불을 넣어주면 물이 끓고 여기서 생긴 증기가 신체를 순환하여 다시 돌아오게 된다. 불(양) 과 물(음)의 균형이 맞아 발생된 증기 곧 기(氣)이며 이 기운에 의하여 신체가 정상적으로 작동되는 것이다.

이것이 바로 수승화강(水昇火降)이다. 즉 물이 기운이 되어 올라가고 신체를 순환하여 다시 돌아오는 이치이다. 물이 부족한데 계속 불을 넣으면 과열되어 뜨거운 기운이 그대로 위로 치솟을 것이고 이 뜨거운 기운이 치솟는 현상이 갱년기 증세의 얼굴과 손발의 화끈거림 혹은 고혈압이다. 더욱 불을 넣으면 이번에는 물이 마르고 보일러는 과열되어 보일러가 떨면서 진동을 하게 된다.

이것이 신체에서는 손발의 떨림으로 나타나게 된다. 이런 경우에 인삼, 녹용을 쓰면 상태를 더욱 악화시키는 결과가 올 수 있다.

이런 경우에는 물을 보충하는데 보충하는 방법이 양방에서는 호르몬요법이고 한방에서는 음을 보충하는 숙지황을 위주로 하는 자음제를 쓰게 된다.

여기서 물과 불은 인체의 하초(下焦)를 담당하는 신장의 음과 양 즉 신음(腎陰) 과 신양(腎陽)을 말한다.

이러한 신체내부의 음양에 영향을 미치는 것은 육음(六淫: 풍한서습조화)과 같은 외부의 기운이외에 사람의 감정이 있다. 사람의 감정은 일곱 가지로서 희노우애사공경(喜怒憂哀思恐驚)의 칠정(七情)이다.

즉 기쁨, 성냄, 근심, 슬픔 ,생각, 무서움, 놀람의 일곱 가지이다.

이러한 일곱 가지의 감정은 각각 해당 장부에 영향을 주는데 기쁜 감정은 심장, 성을 내고 노한 감정은 간장, 걱정하고 근심이 많음은 폐와 비장, 슬픔은 폐, 생각을 많이 함은 비장, 무서움은 신장 ,그리고 놀람은 마음을 교란시킨다.

스트레스에 의하여 당뇨, 고혈압, 과민성장염, 신경성위염과 같은 많은 현대병들이 발생함은 이러한 내부의 감정이 인체의 건강에 영향을 미침을 나타내고 있다.

의식동원(醫食同源)

한방에서 취급하는 약재는 약 5,800종류가 된다. 이 중에는 각종 약재를 포함하여 쌀, 보리, 콩으로부터 사과, 수박 같은 과일, 닭, 돼지, 양과 같은 동물류, 각종 물고기, 조개류도 모두 포함되어 있다.

즉 우리가 먹는 일상의 식품도 모두 약이 될 수 있음을 뜻한다. 즉 의식동원(醫食同源), 의약과 식품은 그 근원이 같다는 의미이다.

병을 치료할 때나 건강을 유지하고 싶을 경우에도 약재와 같이 음식을 이용하면 그 효과를 더욱 높일 수 있다.

서양의학의 영양학에서는 식품을 분석시 칼로리, 그리고 탄수화물, 단백질, 지방의 영양분으로 구분하여 그 식품을 평가하나 한의학에서는 식품의 성질 즉 음양과 사기오미(四氣五味), 그리고 어느 장기에 영향을 미치는지를 알아 그 식품을 평가한다.

사기는 한, 열, 온, 량(寒, 熱, 溫, 凉)이며 오미는 신맛, 쓴맛, 단맛, 매운맛, 짠맛(酸, 苦, 甘, 辛, 鹹)이다.

온, 열은 양이고 한, 량은 음이다. 신맛, 쓴맛, 짠맛은 음이고 단맛과 매운맛은 양이다.

예를 들면 수박은 뜨겁게 끓여도 그 성질은 차기 때문에 한여름에 더위를 먹었을 때에도 그 껍질을 달여 마시면 더위가 풀리는 것이요, 소주는 아무리 차게 마셔도 그 성질이 뜨거운 것이나 같은 이치이다.

몸을 보하는 식품 혹은 약재는 그 성질에 따라 음과 양으로 구분하는데 양은 다시 기(氣)와 양(陽)으로 구분하고 음은 다시 혈(血)과 음(陰)으로 구분한다. 보기제(補氣劑)는 기운을 보하며 보양제(補陽劑)는 양기를 보충하고 보혈제(補血劑)는 피를 만들어주며 보음제(補陰劑)는 신체의 음액을 보충한다.

예를 들면 당뇨병과 갑상선기능항진, 갱년기증상과 같은 것들은 몸의 음액이 부족하여 음이 양을 잡아주지 못함으로 음액이 마르고 열기가 치솟는 경우인데 이럴 때는 음액을 보충하고 열기를 가라앉히는 방법이 쓰인다.

음액을 보충하기 위하여 음식이나 약재를 쓸 경우에도 녹용, 인삼보다도 생지황, 숙지황, 구기자, 더덕, 자라 같은 약재와 식품을 쓰게 된다.

몇 개의 예를 들면 다음과 같다.

보양제 - 녹용, 해구신, 음양곽, 육종용, 계피, 부자, 호두, 새우, 개고기, 양고기, 사슴고기, 부추

보기제 - 인삼, 황기, 당삼, 백출, 복령, 산약, 제비콩, 대추, 쇠고기, 닭고기,

보혈제 - 숙지황, 하수오, 당귀, 구기자, 용안육, 아교, 오골계, 시금치 돼지족발, 상심자(오디)

보음제 - 더덕, 백합, 동충하초, 토끼, 자라, 게, 해삼, 전복, 굴, 오리고기, 돼지고기, 검은콩

신체에서 음이 모자라는 경우에는 보음제, 보혈제, 보기제를 쓰고, 양이 모자라는 경우에는 보기제, 보양제를 쓰고, 음양이 모두 모자라는 경우에는 십전대보탕과 같이 보음제, 보양제를 모두 쓰게 된다.

이와 같이 신체의 남고 모자람을 헤아려 모자람을 넣어주는 것이 음식으로 몸을 보하고 병을 치료하는 식보(食補)의 요령이다.

체질에 따른 식보법은 다음과 같다.

첫 번째 음양화평지인으로 음양의 균형이 맞아서 건강을 유지하는 사람은 음식이 차고 더운 쪽으로 편중되지 않도록 균형 잡힌 식사를 한다.

두 번째 양허자로서 양이 허한 사람은 추위를 많이 타고 손발의 사지가 차며 기운이 없고 식욕도 없다. 설사를 자주 하며 시간도 새벽에 설사가 많다.

이런 종류의 사람은 성질이 더운 음식을 주로 먹는다. 쇠고기 닭고기 개고기 새우 등이며, 야채류는 양이 허하여 체내에서 담(痰)을 만들어 내므로 많은 양을 섭취하지 않도록 하거나 아니면 살짝 데치거나 하여 찬 성질을 완화하여 먹는다. 그리고 수박, 바나나, 동과 등의 찬 과일은 피하고 약재 중에서는 인삼, 녹용, 당삼, 두충, 파극, 음양곽, 당귀, 구기

자, 등을 넣으면 좋다. 생식이나 녹즙을 마시는 것도 이런 체질에는 오히려 좋지 않은 결과를 불러올 수 있다.

세 번째 음허자로서 이런 사람은 허열이 있어서 입과 목이 마르고 허열 때문에 쉽게 성을 내고 가슴이 갑갑하다. 음을 보하는 돼지고기, 토끼고기, 오골계 등이 좋으며 변비가 되기 쉬우므로 야채를 충분히 섭취 한다. 약재로서는 생지황, 더덕, 둥글레, 백합, 동충하초, 검은콩 등이 좋다.

네 번째 음허양항으로 음이 허하여 지나치게 위로 허열이 오르는 사람이다. 허열 때문에 손발이 뜨겁고 얼굴이 달아오르며 소변색깔이 누렇고 변비가 있다.

위의 세 번째 형의 변비는 음액이 모자라 변비가 되며 음허양항의 변비는 허열에 의하여 변비가 된다. 야채를 많이 섭취하되 열성인 고추, 마늘, 부추 종류는 많이 먹지 않도록 하며, 고기류는 돼지고기, 토끼고기, 오골계 등이 좋다. 당뇨병과 여성갱년기 증상에 많이 나타난다.

다섯 번째 음양양허형으로 음과 양이 다 모자라는 형으로 허약체질이거나 병을 오래 앓고 난 후의 경우인데 먼저 비위의 소화기 계통을 튼튼하게 하여 영양의 섭취와 섭취한 음식물이 체내에서 활용이 잘 되도록 비위강화의 음식과 약재를 쓴다. 인삼 오골계탕 등 음양의 조화를 맞추는 음식과 비위의 기능을 강화하는 산약, 백출이 좋으며, 양이나 염소의 뼈를 고아서 만드는 양골고도 병후 혹은 산후의 보혈에 좋다. 그리고는 증상에 맞추어 음식과 약재를 택한다.

인체의 구성과 음식

한의학에서는 인체는 오장육부로 구성되어 있다.

오장은 간장, 심장, 비장, 폐, 신장이며 육부는 담, 소장, 위장, 대장, 방광 그리고 삼초이다.

육부는 주로 신체의 소화기계통이며, 오장은 인체의 기본적인 생리기능을 담당하는 장부이다.

사람이 생활 활동을 영위함은 오장의 기운에 영향을 많이 받음으로 오장을 건강하게 유지하는 것이 가장 중요하다. 그리고 오장에 이상이 있으면 몸의 외부로 그 이상 상태가 나타나니 그 이상 상태에서 역으로 오장의 건강 상태를 알 수도 있다. 그리고 사람의 감정도 각각의 장부기관에 영향을 미치므로 마음의 씀씀이도 건강유지에 필수적이다. 예를 들면 스트레스가 현대병에 큰 요인임은 널리 알려진 사실이다.

각각의 오장의 기능을 보면

심장 : 오장 중에서 제일 으뜸 되는 중요한 기관이다. 감정상태는 기

뺌이며 너무 지나치게 기뻐함은 심장을 상한다(과희상심 過喜傷心).

그 기능과 외부로 나타나는 현상은

- 인간의 모든 기억, 생각, 언어 등 대뇌의 기능을 지배 한다.
- 혀에서 심장의 상태가 나타나며 신경을 많이 쓰거나 노심초사 고민으로 잠을 못 자게 되면 혀끝이 발갛게 혓바늘이 돋는다.
- 신체의 땀을 주관한다. 사우나에서 혹은 더위로 인하여 지나치게 땀을 흘리면 바로 심장에 영향을 준다.
- 심장의 맛은 쓴맛이다. 즉 쓴 것을 먹게 되면 심장에 영향을 준다.

간장 : 혈액을 저장한다. 감정상태는 성냄이며 지나치게 화를 내면 간을 상한다(노상간怒傷肝). 혹은 간장상태가 좋지 아니한 사람은 사소한 일에도 쉽게 성을 낸다. 외부의 스트레스에 영향을 많이 받는다. 스트레스는 간장에서 담즙분비에도 영향을 미쳐 바로 소화불량 내지 체함으로 그 현상이 나타나기도 하며 여성에게는 기를 체하게 하여 생리불순과 생리통으로 나타난다.

- 간의 상태는 손발톱에서 나타난다. 손발톱이 매끄럽지 아니하면 간장의 상태를 본다.
- 몸의 힘줄을 주관한다. 중풍이 오면 몸을 자유롭게 움직이지 못함은 간에 손상을 받아 힘줄을 움직이지 못함이며 말을 하지 못함은 심장에 손상을 받아 혀를 움직이지 못함이다.
- 간장의 맛은 신 맛이다. 봄은 계절상 간의 계절로서 봄이 되면 새콤한 맛을 찾게 되는 것은 간장이 신 맛을 필요로 하기 때문이다. 임신부가 신 맛을 찾는 것도 태아를 위하여 혈액을 만들고 저장할 필요에서 오는 것이다.

비장 : 비장은 소화기능을 담당하는 장부로서 곡식의 정수(精 essence) 즉 영양분을 흡수하여 신체의 활동에 필요한 에너지를 공급한다. 사람이 활동하기 위하여는 기운 즉 원기가 있어야 하는데 이 원기는 부모에게서 물려받은 원기(선천지기先天之氣)와 곡식에서 흡수하는 원기(후천지기後天之氣)로 구분된다. 선천지기는 신장에 머무는데 이 선천지기와 곡식에서 흡수하는 후천지기가 합쳐 사람활동의 근본인 원기를 만들게 된다.

- 비장은 소화기능을 주관하므로 비장이 좋지 아니하면 설사 및 변이 묽으며 영양분의 흡수가 낮으므로 근육이나 몸에 살이 적어 마르게 된다. 비장의 기운은 입술에서 나타나는데 입술의 색깔이 좋지 않거나 입술 주위에 부스럼 등 많이 나면 비장과 소화기기능을 의심할 수 있다.
- 비장의 맛은 단 맛인데 소화기능이 떨어지거나 몸이 살이 없이 마르면 단 맛으로 보충을 하는 이치이다.
- 비장의 감정은 사고와 생각인데 수험생과 같이 계속 책상에 앉아서 머리를 쓰며 공부를 하게 되면 비장의 기운이 소통되지 아니하고 맺혀 소화가 안 된다(과사상비 즉기결過思傷脾 卽氣結).

*한의학에서의 비장은 양방에서의 췌장기능을 말한다.

폐 : 폐는 호흡을 주관하는 장부로서 외부의 공기와 항상 접촉하므로 외부기운의 영향을 제일 먼저 받는다. 가을이 되어 공기가 건조하여지면 감기를 제일 먼저 받아들이는 장부이다. 피부를 주관하며 땀구멍을

조절하여 체온을 유지한다. 호흡을 하는 통로인 코와 연결이 되어있어 감기, 알러지성 비염, 축농증이 나타난다. 철만 되면 감기가 떨어지지 않는 사람은 먼저 냉수마찰 혹은 건포마찰을 하여 피부를 튼튼히 할 필요가 있다.

- 폐장의 맛은 매운 맛이다.
- 폐의 감정은 슬픔으로서 지나치게 슬퍼함은 폐를 상한다(과비상폐 過悲傷肺).
- 폐는 피부를 주관한다(폐주피모肺主皮毛)

신장 : 신장은 부모로부터 물려받은 기운(선천지기(先天之氣))을 저장하는 장부로서 비뇨 생식의 기능을 주관한다. 양의학에서의 기능과 제일 차이가 많이 나는 장부이다. 양의학에서의 신장은 단순히 오줌을 만들고 배설하는 기관의 의미이나 한의학에서는 그 기능이 훨씬 많다. 그 기능을 보면,

- 비뇨계통 즉 빈뇨 요실금 전립선염 방광염
- 생식계통 즉 불임증 생리 정력 감퇴 조루 등에 관계된다.
- 신장의 기운은 머리카락과 치아에 나타난다.
- 신체의 뼈를 주관하므로 신장의 기운이 약할 시 허리와 무릎이 시큰거린다.
- 신장은 원기근본의 장부로서 신장의 기운이 모자라면 손발이 차다.
- 신장의 감정은 놀람과 두려움으로 지나치게 놀라거나 무서우면 신장의 기운을 상한다(과공상신 신기휴허過恐傷腎腎氣虧虛).

이상의 오장에서의 기능과 사람의 체질을 알면 해당 장부에 도움이 되는 음식을 찾을 수 있다.

자기 몸에 맞는 음식을 찾는 방법은 다음과 같다.

첫 번째로 체질을 감별한다. 체질의 감별을 애기하면 어려울 것 같으나 요령을 알면 어렵지 않다. 흔히 우리가 체질하면 사상체질 즉 태양인, 태음인, 소양인, 소음인의 네 체질구분을 연상하나 이러한 체질구분을 확실하게 하는 것은 어려운 일이다. 체질을 쉽게 구분하는 방법은 우선 양체질과 음체질의 두 가지 체질로 구분하는 것이다.

양체질 : 열성체질을 말하는 것으로서 흔히 나타나는 증상은

- 목이 잘 마르고 찬 음식을 찾는다.
- 혀가 잘 마르고 땀이 많다.
- 옷을 얇게 입는다.
- 혀에는 누런색의 태가 끼어있다.
- 소변의 색은 노란색이며 변비가 잦다.

음체질 : 한성체질을 말하는 것으로 흔히 나타나는 증상은

- 추위를 잘 타며 옷을 여러 벌 끼어 입는다.
- 더운 음식을 즐겨한다
- 혀에는 흰 색의 태가 있다.
- 소변은 맑으며 혹은 잦다.
- 설사 혹은 변이 묽다.

이상으로 체질을 알면 다음은 보(補)할 것인지 사(瀉)할 것인지 구별한다. 한의학의 치료원칙은 "실하면 사하며 허하면 보한다. 차면 덥게 하며 열이 나면 차게 한다"이다. "實者瀉之 虛者補之 寒者熱之 熱者寒之 실자보지 허자보지 한자열지 열자한지" 즉 양체질에 간장이 실하여 생기는 병에는 간장에 작용하는 차가운 성질의 음식과 약재를 택하고 음체질에 간장이 허하면 간장에 작용하는 더운 성질의 음식과 약재를 택하는 것이 요령이다. 만약 양체질에 간장이 허하면 간장을 보하는 차가운 성질의 약재를 고르며 음체질에 간장이 실하여 생기는 병증에는 간장의 기운을 사하는 더운 성질의 약재를 택하면 될 일이다.

각 장부에 작용하는 음식의 예를 들면

■ 간장 양성체질 즉 차가운 음식 :

수박, 토마토, 배, 레몬, 시금치, 녹두, 매실, 국화, 결명자, 우엉, 뽕잎

■ 간장 음성체질 즉 더운 음식 :

포도, 오디, 호박, 생강, 참깨, 닭고기, 대추, 문어

■심장 양성체질 즉 차가운 음식 :

뽕잎차, 연뿌리, 다시마, 무, 백합, 천화분, 수박, 배

■심장 음성체질 즉 더운 음식 :

대추, 용안육, 산사, 포도, 포도주, 양파, 고추, 인삼, 구기자, 잣, 마늘, 양고기

■ 비장 양성체질 즉 차가운 음식 :

배, 감 ,바나나, 감자, 귤, 시금치, 죽순, 녹두, 알로에, 율무, 토끼고기, 백합, 천화분

■ 비장 음성체질 즉 더운 음식 :

용안육, 파, 생강, 마늘, 부추, 고추, 밤, 찹쌀, 산약, 양고기, 염소고기, 개고기, 쇠고기

■ 폐 양성체질 즉 차가운 음식 :

배, 귤, 바나나, 감, 연뿌리, 시금치, 죽순, 잉어, 다시마

■ 폐음성체질 즉 더운 음식 :

금귤(깅깡), 고구마, 산사, 연자, 밤, 찹쌀, 은행, 행인, 양고기, 동충하초

■ 신장 양성체질 즉 차가운 음식 :

배, 수박, 무, 김, 다시마, 잉어, 붕어, 자라, 시금치

■ 신장 음성체질 즉 더운 음식 :

밤, 해삼, 검은 깨, 오디, 부추, 오골계, 오징어, 양고기

이상 신체의 외부에 나타나는 증상으로 오장의 어디에 이상 기운이 있는가 알아내고 그리고 이상 상태의 지나치고 모자람을 분별하여 여기에 음식을 맞추어 먹음이 병을 미연에 방지하는 지혜라 하겠다.

치미병(治未病)

치미병 즉 병이 나기 전에 미리 고친다는 의미이니 한의학의 가장 오래된 경전인 황제내경에서 나온 말이다. 황제내경(黃帝內經)의 사기조신대론(四氣調神大論)을 보면 "성인불치기병치미병(聖人不治已病治未病)"이 있는데 그 뜻은 성인은 이미 병이 난 것을 치료하는 것이 아니고 병이 나기 전에 미리 예방하여 그 병을 치료한다는 의미이다.

한의학에서 병의 원인을 크게는 세 개의 요인으로 보는 바 그 세 개의 요인은 첫째가 외인 즉 외부의 요인이다. 즉 외부의 기후변화에 따른 원인 바람, 추위, 더위, 습기, 마른 기운과 같은 풍한서습조화(風寒署濕燥火)의 기운을 말한다.

두 번째의 요인은 내부의 요인인데 사람의 감정은 각각의 해당 장부에 영향을 주는 바 희노우애사공경(喜怒憂哀思恐驚)의 감정 기쁨, 성냄, 근심, 슬픔, 생각, 무서움, 놀람의 감정은 지나치면 병에 연결될 수도 있음은 말한다.

세 번째는 불내외인(不內外因)으로서 기타 요인인데 현대식으로 풀이하면 식중독, 교통사고, 타박상 등의 기후변화나 정신상태변화가 아닌 외부로부터의 사고 혹은 병균의 침입으로 해석된다.

미리 병이 생기기 전에 예방한다는 뜻은 외부기후의 변화에 맞추어 적당한 음식 즉 제 철의 음식을 먹고 내부의 감정을 조절하는 정신수양적 양생론의 철학을 의미한다고 볼 수 있다.

치미병(治未病)의 개념은 다른 의학서적인 금궤요략(金櫃要略)에서도 나타나는데 제1절 장부경락선후병증(臟腑經絡先後病證)에서는 "상공 치미병 간병지병 지간전비(上工治未病肝病之病知肝傳脾)"로 시작하는데 그 의미는 "우수한 의사는 간에 병이 생기면 비장으로 병이 옮아감을 알고 미리 이것을 예방 한다"이다.

즉 병은 미리 발생하기 전에 예방을 하고 일단 발생하면 다른 장부로 전이됨을 막는 것이 한의학의 철학이다.

2. 약선요리 55선

쇠고기, 돼지고기, 양고기

닭, 오골계

어류 및 해산물

죽, 떡, 기타

효능

옥수수수염(玉米鬚)은 이뇨작용이 있어 소변을 이롭게 하여 체내의 수분을 배출하고 부종을 내린다. 한방에서는 간염, 황달, 담결석, 단백뇨 등에 이용한다. 돼지 지라 및 산약과 함께 달여 마시면 혈당을 내려 당뇨에 효능이 있다. 본 방은 당뇨로 인하여 소변이 잦고 부종이 있을 때 이용한다. 그리고 당뇨에 수시로 복용한다.

지라산약탕(猪胰山藥湯)

재료

돼지지라 1개, 산약 38g, 옥수수수염 32g
옥수수 100g, 물 1리터

만드는 법

1. 지라의 굵은 힘줄과 혈관을 잘라내고 큼직하게 썬다.
2. 지라와 약재를 씻어서 물을 붓고 약한 불에서 1시간 정도 끓여 물이 300cc 정도 되면 2회에 나누어 즙을 마시고 고기를 먹는다.

*약용으로서 소금 간을 하지 않는다.

옥수수수염

효능

갑상선종, 임파선종에 복용한다. 하고초는 예로부터 갑상선이 부었을 때 한방에서 사용하여 왔으며, 다시마와 바다말은 요오드를 풍부하게 함유한 식품으로서 역시 갑상선에 작용한다. 하고초는 꿀풀의 꽃 이삭으로서 여름에 꽃 이삭이 반쯤 말랐을 때 채취하여 햇볕에 말려 쓴다. 방약합편의 해설을 보면 "하고초는 맛이 쓰며 나영류를 낫게 한다. 맺힌 것을 풀어주며 습비를 치료한다"하였다. 나영류는 갑상선종을 말하며 습비는 습기에서 오는 신경통을 가리킨다. 차로 마시면 혈압을 내리고 눈을 밝게 한다.

나영류 : 瘰癭瘤

약선

2

지라하고초다시마탕

(猪胰夏枯草海帶湯)

재료

돼지지라 1개, 당근 1개, 하고초 10g,
다시마 10g, 해조 10g (바다말), 물 1.5리터

만드는 법

1. 지라의 굵은 힘줄과 혈관을 잘라내고 큼직하게 썬다.
2. 다시마와 해조를 찬 물에 넣어 불리며 소금기를 뺀다.
3. 위의 준비한 재료와 당근, 하고초를 물에 넣고 약한 불에서 1시간 끓여 물이 500cc로 줄면 불에서 내려 하루 3-4회 나누어 마시고 고기를 먹는다.

*소금과 후추로 조미하여도 된다.

하고초

효능

백출, 산약, 사인, 산사는 위장의 기능을 회복시키며, 인삼과 찹쌀은 기력을 보강하고 진피는 기를 돌게 하여 소화를 돕는다. 식욕이 없어 몸이 마르고 소화가 안 되며 기운이 없을 때 돼지 위중탕을 만들어 마시면 위장 기능을 좋게 하여 체력을 회복한다. 큰 병을 앓고 난 후, 사용하면 회복에 도움이 된다. 산사는 산사나무의 열매로서 고기를 먹고 체하였을 때 이 열매를 달여 마시면 체기가 내린다. 이외에 고혈압, 협심증에 효력이 있으며 향기와 맛이 좋아 차로 마시기에도 좋다. 산사만을 이용 차로 마시면 위산분비를 촉진하기에 위산과다증이 있는 사람은 피한다.

약선
3

돼지위중탕(猪胃重湯)

재료

돼지밥통 1개,
인삼 100g, 백출 200g, 산약 200g,
진피 50g, 사인 50g, 산사 50g, 찹쌀 50g

만드는 법

1. 돼지밥통을 뒤집어서 소금으로 문질러 깨끗이 씻는다.
2. 진피를 미리 물에 불려서 씻어 놓는다.
3. 진피와 재료들을 돼지밥통에 넣고 아래, 위를 묶어서 중탕을 하거나 물 4리터에 넣고 약한 불에서 3~4시간 정도 끓여서 1리터로 만든다.
4. 즙을 1회 100cc씩 하루 2회 나누어 마시고 고기를 먹는다.

산약

효능

족발목통탕은 출산 후 모유가 잘 안나오거나 부족할 때 만들어 복용하면 즉시 그 효과를 볼 수 있다. 목통은 으름나무의 덩굴인데 젖을 잘 나오게 한다. 아울러 이수작용이 있어 소변을 잘 나오게 하여 다리가 부었을 때 수분을 빼내어 부기를 내린다. 방약합편을 보면 "목통은 맛이 달며 방광을 다스린다. 옹저와 종기를 삭히고 젖을 나오게 한다" 하였다

약선

4

족발목통탕(木通猪蹄煎)

재료

돼지족발 1개

목통 10g

만드는 법

1. 돼지족발은 앞발의 것으로 4토막으로 쪼개어 준비 한다.
2. 준비한 족발과 목통을 넣어 푹 끓인다.
3. 목통은 제거하고 그 즙을 마시고 고기는 소금, 후추로 조미하여 먹는다.

*왕불류행 10g을 추가하여 끓이면 효과가 더욱 좋다.

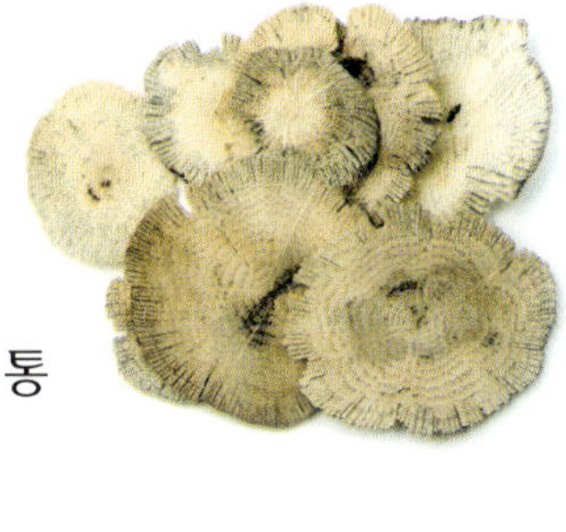
목통

효능

연근은 약재이름이 우절(藕節)인데 양혈지혈(涼血止血)의 효과가 있어 여름철 더운 날씨에 코피를 잘 흘리는 소아들이 먹으면 코피를 흘리지 않게 된다. 표고버섯은 돼지갈비 지방의 체내 흡수를 막는다. 본 방은 여름철 날씨가 더워 코피를 잘 흘리는 아동에 이용한다. 연근은 생리 출혈이 과다하여 멈추지 않을 때에도 그 생즙을 마시면 효과가 있다. 약으로 사용시는 연뿌리의 마디를 버리지 말고 같이 사용한다.

갈비연근조림

재료

돼지갈비 500g,
연근 200g, 표고버섯 적당량, 간장

만드는 법

1. 연근을 껍질을 벗기고 5미리 두께로 썰어 식초 물에 1시간정도 담그었다가 찬 물에 씻는다.
2. 돼지갈비를 찬 물에서 피를 뺀 후 살짝 끓여 기름기를 제거하고 건진다.
3. 표고버섯을 물에 불린다.
4. 준비한 연근과 물에 불린 버섯, 갈비를 넣고 간장을 부어서 약한 불에서 은근히 조려서 조림을 만든다.

연근

효능

적소두는 팥을 말하며 갈비연근적소두탕은 겨울철 몸을 따뜻하게 하여 추위를 잊게 하며 보혈 작용을 한다. 녹두는 이와 반대의 성질이 있어 녹두는 여름에 쓰고 팥은 겨울에 쓴다.

약선 6

갈비연근적소두탕

재료

돼지갈비 250g,
연근 100g, 적소두 50g, 진피 10g, 물1 L

만드는 법

1. 진피를 물에 불려서 씻는다.
2. 적소두를 하룻밤 물에 넣어 불린다.
3. 연근을 껍질을 벗기고 5미리 두께로 썰어 식초물에 1시간 정도 담근 후 찬물에 씻는다.
4. 갈비를 찬물에 담그어 피를 뺀 후 불린 적소두와 준비한 재료들을 넣고 1시간 정도 약한 불에서 끓여 식힌 후 2번에 나누어 소금을 넣고 조미하여 마시고 고기를 먹는다.

적소두

효능

환절기 특히 가을에서 겨울로 들어가는 11월경이면 공기가 건조하고 추워진다. 이때 갈비행인탕을 복용하면 폐를 자윤하여 목을 맑게 하며 기침감기를 예방한다. 가수, 아나운서, 교사와 같이 평소 성대를 많이 쓰는 사람에게 효과적이다.

방약합편의 행인을 보면 "행인은 맛이 쓰고 따뜻하다. 기침과 담을 다스리며 대장의 기를 통하게 하여 변을 부드럽게 한다"하였다. 아울러 행인은 개고기의 독을 없앤다.

약선

7

갈비행인탕(杏仁金銀菜湯)

재료

돼지갈비 300g(4인 기준)

배추시래기 100g(물에 불린 것), 배추 200g

행인 15g, 대추 9개, 생강 4쪽

물 2리터

만드는 법

1. 시래기는 미리 물에 불리고 갈비는 찬물에 담그어서 피를 뺀다.
2. 행인을 제외한 재료를 물에 넣고 센 불에서 끓인다.
3. 끓으면 약한 불로 하여 30분간 더 끓이고 행인을 넣어 다시 20분간 끓인 후 소금과 후추로 조미하여 먹는다.

행인

효능

돼지콩팥은 신장을 튼튼하게 하고 호두는 신장과 폐를 보한다. 산수유와 두충은 간과 신장을 보하여 이들을 배합한 호두보신탕은 신이 허하여 오는 허약성 요통에 효능이 있다. 방약합편의 산수유를 보면 "산수유는 따뜻한 성질이며, 신장의 허함을 치료한다. 골수, 무릎, 허리를 튼튼하게 하며 귀 울림을 다스린다" 하였다.

약선
8

저요호두보신탕
(猪腰胡桃補腎湯)

재료

돼지콩팥 2개
호두 20g, 산수유 10g, 두충 10g
물 1리터

만드는 법

1. 돼지콩팥 2개를 절개하여 가운데의 흰 근막을 떼어낸다.
2. 호도, 산수유, 두충과 위의 콩팥을 물에 넣고 약한 불에서 1시간 끓여서 산수유, 두충은 건져내고 그 즙을 마신다. 호두와 고기는 소금, 후추로 조미하여 먹는다.

*산수유는 안의 씨를 빼고 사용한다.

산수유

효능

두충과 우슬은 간과 신장을 보하여 뼈와 근육을 튼튼히 하며 우슬은 특히 무릎에 작용하여 무릎관절이 시큰거리며 약한 증상에 쓰인다. 돼지콩팥과 두충, 우슬을 배합하여 허리와 무릎을 보한다. 단 우슬은 약성을 아래로 내리는 성질이 있으므로 임신 중이나 생리 중에는 본 방을 쓰지 않는다. 우슬은 쇠무릎 풀인데 방약합편을 보면 "우슬은 쓴 맛이며 습기에서 오는 관절통을 없앤다. 정수를 보하고 다리를 튼튼히 하며 임신 중 태아를 내리는 작용이 있고 어혈을 풀어준다"하였다.

약선

9

저요두충우슬탕

(猪腰杜冲牛膝湯)

재료

돼지콩팥 2개

두충 10g, 우슬 10g

물 1리터

만드는 법

1. 돼지콩팥 2개를 절개하여 가운데의 흰 근막을 떼어낸다.
2. 콩팥, 두충, 우슬을 물에 넣고 약한 불에서 1시간 끓여서 두충과 우슬은 건져내고 그 즙을 마신다. 고기는 소금, 후추로 조미하여 먹는다.

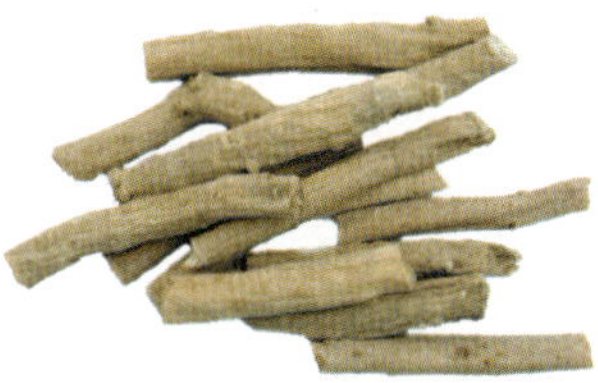

우슬

효능

본 방은 허리가 약하여 소변을 자주 보거나 혹은 야뇨증이 있을 때에 사용한다. 생리 중이나 임신 중에는 사용하지 않는다. 파극은 간과 신장을 보호하여 허리를 튼튼히 하고 유정(遺精)을 막아주며 빈뇨증, 야뇨증에 쓰인다. 방약합편을 보면 "파극은 달고 매운 맛이며 허한 것을 보한다. 유정과 몽정을 잡아주고 근골을 튼튼히 한다"하였다.

약선 10

꼬리파극탕(猪尾巴戟湯)

재료

돼지꼬리 2개

파극 20g, 두충 20g, 우슬 20g

감실 20g, 낙화생 40g, 물 1.5리터

만드는 법

1. 꼬리를 깨끗이 씻어 약재와 같이 물에 넣고 10분간 센 불에서 끓인 후 약한 불로 하여 1시간 정도 끓여 하루 2회 공복에 마신다. 소금은 조금 넣어도 된다.

파극

효능

중국 한나라의 명의 장중경의 처방집인 금궤요략에 수록된 처방으로서 출산 후 원기 회복과 복통에 사용하는 처방이다. 속이 차거나 추위를 타는 경우에는 생강을 70g으로 늘려 사용한다. 출산 후 뿐만 아니라 여성의 허약체질 개선에 사용하며 속이 차고 생리가 고르지 않고 아래 배의 통증이 있는 경우에는 백출을 10g 가하여 사용한다. 염소 고기를 사용하는 것이 효력이 좋다. 열이 많은 체질이나 열병을 앓고 난 직후에는 먹지 않는다.

약선

11

당귀생강양육탕

(當歸生薑羊肉湯)

재료

양고기 혹은 염소고기 250g(5인 기준)

당귀 15g(자르지 않은 당귀를 사용한다)

생강 25g, 진피 20g

만드는 법

1. 물 2000cc에 고기를 넣고 한번 끓여 위의 거품을 걷어낸다.
2. 약재를 넣고 약한 불에서 1시간 정도 끓여서 고기가 물러지면 고기는 소금, 후추로 조미하여 먹고 그 물은 1일 3회 공복에 마신다.

*양고기의 냄새가 날 경우에는 청주를 1컵 넣고 조리하여도 된다.

생강

효능

당귀생강양육탕을 응용한 처방으로서 속을 따뜻하게 하며 피를 보충하여 주는 온중보혈작용을 더하였다. 출산 후 혹은 여성들의 아랫배가 차고 생리부조가 있을 때와 기혈을 보할 때 쓰인다. 당귀생강양육탕의 생강대신 건강과 계피를 넣어 속을 따뜻하게 하는 작용을 더하였다. 건강은 생강을 말린 것이다.

약선

12

천금양육탕(千金羊肉湯)

재료

양고기 혹은 염소고기 250g(5인 기준)
당귀 25g, 천궁 15g, 백작약 15g
생지황 20g, 감초 10g, 건강 10g
계피 10g

만드는 법

1. 물 2리터에 고기를 넣고 한 번 끓여 위의 거품을 걷어내고 약재를 넣어 약한 불에서 1시간 정도 끓여서 고기가 물러지면 고기는 꺼내어 소금에 조미하여 먹고, 그 물은 1일 3회 공복에 마신다.

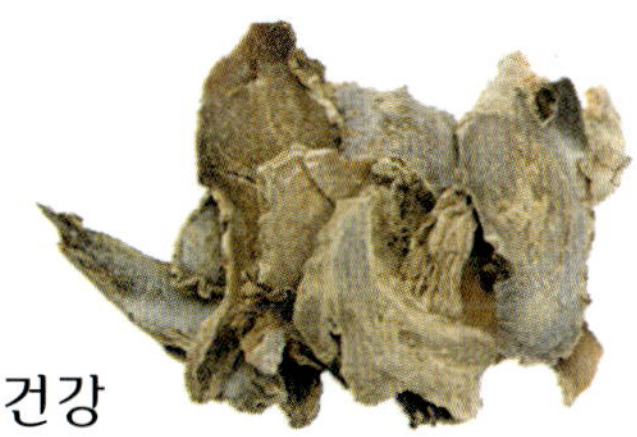

건강

효능

인삼, 황기는 원기를 보하며 기력을 솟게 하고 산약과 백출은 위장을 튼튼히 하여 소화흡수를 돕는다. 인삼수육은 병후의 체력 및 원기 회복에 좋다.

약선

13

인삼수육

재료

쇠고기 300g
인삼 40g, 황기 40g, 산약 40g
백출 20g, 대추 10개, 생강 3쪽

만드는 법

1. 쇠고기를 찬물에 담그어 피를 뺀 후 준비한 재료와 함께 낮은 불에서 고기가 무르도록 끓인 후 고기는 수육으로 소금, 후추로 조미하여 먹고 그 물은 마신다.

인삼

효능

출산 후 보양 및 자궁수축을 돕는다. 생리 때가 되었는데 나오지 않는 경우에도 이용한다. 홍화는 활혈 통경하는 작용이 있어 생리가 많은 사람이나 임신부는 피하는 것이 좋다. 방약합편의 홍화를 보면 "홍화는 맛이 맵고 따뜻하다. 많이 쓰면 생리를 통하게 하고 적게 쓰면 피를 만든다"하였다. 스페인 요리의 파에야를 만드는데 쓰이는 샤프론도 홍화의 종류이다.

약선

14

쇠고기홍화스튜

재료

쇠고기안심 500g(5인분기준), 당근 2개, 감자 3개,
표고버섯 200g(물에 불린 것), 완두콩 100g,
토마토 페이스트 100cc , 홍화 15g, 버터, 밀가루 적당량

만드는 법

1. 물 1000cc를 끓여 고기를 2덩이로 잘라 넣고 네모지게 썬 당근과 감자를 넣고 끓인다.
2. 홍화를 끓는 물 200cc에 5분간 담근 후 홍화를 꺼내고 홍화물은 따로 받아놓는다.
3. 별도의 팬에 버터를 녹이고 밀가루를 넣어 진하게 한 다음 토마토 페이스트를 넣고 잘 저어서 내려놓는다.
4. (1)에서 감자와 쇠고기가 익으면 쇠고기를 꺼내고 (2)의 홍화물과 (3)의 버터 토마토페이스트를 넣고 저어가면서 소금, 후추, 간장으로 조미한다.
5. 꺼낸 쇠고기를 적당한 크기로 썰어 넣고 완두콩, 버섯을 넣어 살짝 끓인 후 먹는다.

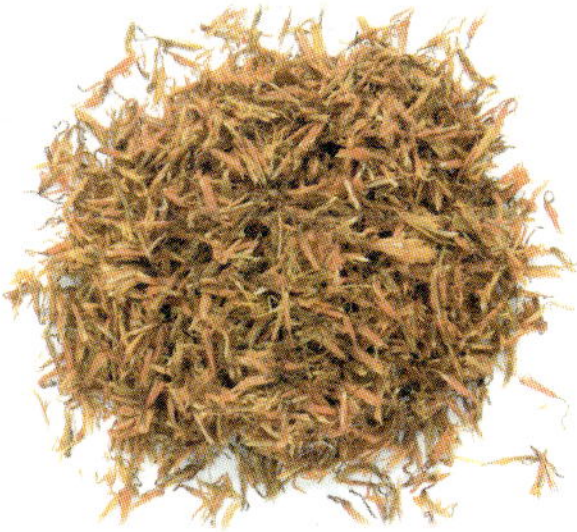

홍화

효능

매실은 덜 익은 것을 따서 연기에 거슬리고 말리면 오매(烏梅)가 된다. 산매는 잘 익은 매실을 따서 소금에 절여 그늘에서 20일 정도 말린 것이다. 산매는 담에 작용하여 담즙분비를 촉진하여 입맛을 돌게 하며 소화를 돕고 몸에 진액을 만들어 갈증을 멈추게 한다. 여름철 더위에 입맛을 잃었을 때 이용할 만한 음식이다. 일본 사람들이 즐기는 우메보시는 매실을 소금과 차조기 잎에 절인 것이다. 우메보시를 이용하면 편리하게 만들 수 있다.

산매갈비찜

약선
15

재료

돼지갈비 250g
산매(酸梅) 5개, 설탕, 소금, 녹말가루 적당량

만드는 법

1. 돼지갈비를 찬 물에 담그어 피물을 빼고 깨끗이 씻어서 자르고 소금과 녹말가루를 섞는다.
2. 산매 5개를 으깨어서 위의 갈비와 섞고 설탕을 알맞게 뿌린다.
3. 붉은 실고추를 위에 뿌린다.
4. 찜기에 넣고 15분정도 증기에 찐다.

우메보시

효능

동의보감에 의하면 염소의 고기와 뼈는 성질이 매우 덥고 허로와 한냉을 치료하며 중초를 보하고 기를 도와준다 하였다. 흑염소탕은 예로부터 산후 조리 및 부녀자의 허약체질개선에 이용하여왔다. 이 방법으로 양골고를 만들어 냉장보관하고 공복시 수시로 마시면 원기보강 및 허약체질을 개선할 수 있으며 특히 흰 머리가 생기는 것도 방지하여 나이가 들어도 윤택 있는 검은 머리를 유지할 수 있는 묘약이다.

약선

16

흑염소양골고(黑羊骨膏)

재료

흑염소 1마리

만드는 법

1. 수육 : 먼저 고기를 잘 발라서 뼈와 분리한다. 잘 분리가 안 되는 부분은 그대로 삶아서 살을 분리한다. 고기가 살짝 잠길 정도로 물을 붓고 된장 3순갈, 생강 5쪽, 양파 2개를 넣고 삶는다. 이때 맥주 1캔을 넣고 삶으면 염소특유의 냄새를 없앨 수 있다. 고기가 익으면 수육으로 먹는다.

2. 양골고 : 뼈를 찬물에 씻은 후 머리 부분과 같이 끓여서 첫 번의 물은 버린다. 다시 물을 부어 처음은 센 불에 끓이다가 불을 낮게 하여 뽀얀 국물이 나올 때까지 끓인다. 이것이 양골고이다. 여기에 파와 소금으로 조미하여 하루 3번 100～200cc씩 마신다. 뼈는 3～4회 뼈가 으스러질 때까지 이용한다.

흑염소

효능

출산 후 수유시에 젖이 부족할 때 사용한다. 출산 후 바로 먹을 수 있다. 갑오징어는 오적어(烏賊魚)인데 방약합편을 보면 "오적어는 맛이 평하며 능히 생리를 통하게 한다. 원기를 돋우고 정수를 더하며 오적어 뼈는 생리과다를 다스린다"하였다 오징어 뼈는 해표초(海螵蛸)라 하여 위산과다에 의한 위궤양에 사용한다(해표초 참고).

족발오징어탕(猪手烏賊魚湯)

재료

돼지족발 1개
갑오징어 1마리, 진피 20g, 낙화생 50g

만드는 법

1. 갑오징어는 속에 들어있는 뼈를 꺼내고 토막을 내어 깨끗하게 손질을 한다.
2. 족발은 앞쪽의 발을 이용하며 4개의 토막으로 자른다.
3. 진피를 물에 불려 깨끗이 씻는다.
4. 위의 재료들에 낙화생을 넣고 30분 정도 삶아서 고기와 오징어는 조미하여 먹고 그 물은 공복에 마신다.

갑오징어

약용으로서의 돼지고기

약용으로 고기를 쓸 때 왜 쇠고기, 닭고기보다 돼지고기가 많이 쓰이는가? 쇠고기, 닭고기는 양(陽)적인 성질을 가지고 있다면 돼지고기는 음(陰)적인 성질을 갖고 있다.

즉 쇠고기, 닭고기는 보양의 성격이 강하고, 돼지고기는 보음하는 음식이다. 한의학에서 음양을 보하는 말 중에 "양허이보 음허난전(陽虛易補 陰虛難塡)"이라는 말이 있다.

풀이하면 "양이 모자라는 것을 보하기는 쉬워도 음이 부족한 것을 메우기는 어렵다"는 의미이다. 실제 중년기 이후에 흔히 나타나는 고혈압, 당뇨병, 갑상선기능 항진, 여성 갱년기 증후군 등은 만성병으로서 음이 부족한 경우이다.

양을 보하는 것은 인삼, 녹용 같은 약재로 쉽게 보충이 되나 음을 보하는 것은 양을 보하는 것에 비하여 시간도 많이 걸리고 쉽지 않다.

이때 이용할 수 있는 육류가 돼지고기인데 한의학의 옛 책 중 음식양생에 대하여 쓴 수식거음식보(隨息居飮食譜)에서는 돼지고기의 효능을 다음과 같이 설명하고 있다.

"보신액 충위즙 자간음 윤기부 이이변 지소갈(補腎液 充胃汁 滋肝陰 潤肌膚 利二便 止消渴)" 즉 신장과 위의 액을 넣어주고 간을 자양하며 피부를 윤택하게 하고 대소변을 이롭게 하며 소갈 즉 당뇨를 멎게 한다

하였다. 한방에서 당뇨병, 갑상선기능항진, 갱년기 증세 등의 음이 허하여 생기는 병증에 많이 쓰이는 처방 중에 대보음환(大補陰丸)이라는 약제가 있는데 이를 만드는 법을 보면 숙지황, 황백, 지모, 귀판(거북이 배껍질인데 자라등껍질인 별갑으로 바꾸어 써도 된다. 별갑 참고)을 가루로 만들고 돼지등뼈를 고은 물에 개어서 약을 만든다. 즉 돼지등뼈의 음을 보하고 정수를 보하는 성질을 이용하는 것이다.

그러나 음체질을 갖는 사람이 돼지고기를 지나치게 섭취하면 담습(痰濕)을 만들 수 있으므로 조심한다.

돼지고기는 이와 같이 자음(滋陰)하는 성질로서 날씨가 건조하여지는 가을철에 더욱 맞는 음식이라 하겠다. 돼지고기를 이용하는 방법을 들면 다음과 같다

행인, 대추와 같이 쓰면 폐에 열이 있어 마른기침을 할 때 유용하고 행인, 대추에 시래기를 넣어 쓰면 목을 깨끗이 트이게 하여 가수, 아나운서와 같이 목을 많이 쓰는 사람에 유리하며, 무와 같이 쓰면 속에 열이 쌓여 변비가 될 때에 쓰이며, 칡과 같이 쓰면 폐열이 있어 입이 마르고 어깨, 목 주위로 어깨 결림이 있는 항강통(項强痛) 에 유용하다.

생지황, 연근, 백합과 같이 쓰면 청소년들의 뜨거운 피를 식혀 코피를 멎게 하고 생리출혈 과다를 다스린다. 둥굴레와 같이 쓰면 당뇨로 인하여 입과 목이 마를 때 좋다.

진피 陳皮

진피는 귤껍질을 말린 것으로서 감초와 더불어 한약재 중 가장 많이 쓰이는 중요한 약재이다. 진피의 진(陳)은 '오래 묵은'의 뜻으로서 진피는 오래 묵은 껍질이라는 뜻이다.

진피는 한방약재 중 오래 될수록 좋은 약재인 육진양약(六陳良藥)의 하나로서 최소 4년은 묵혀야 약효를 제대로 낼 수 있다.

그 약성을 방약합편에서 찾아보면 다음과 같다.

陳皮甘溫順氣功 진피감온순기공

和脾留白痰取紅 화비유백담취홍

진피는 맛이 달고 따뜻하며 몸의 기를 돌리는데 중요한 약재이다.

비위에 쓸 때는 흰 부분을 남기고 담을 제거할 때는 흰 부분을 떼어내고 붉은 부분만 쓴다. 즉 비위의 기를 소통하여 소화를 돕고 구토를 멈추게 하며 체내의 담을 제거한다.

위장병 등의 소화기병에 쓸 때는 그대로 쓰고 체내의 담을 없앨 때는 진피를 물에 불려 흰 부분을 긁어내고 붉은 부분만 사용한다. 진피의 붉은 부분을 귤홍(橘紅)이라 한다.

진피를 만드는 방법을 보면

1. 귤껍질을 깨끗이 씻어 그늘에 말린다.
2. 물 200c에 소금 3g을 넣은 소금물에 담그어 껍질을 적시고 다시 그늘에서 말린다.
3. 이렇게 소금물에 담그고 말리는 작업을 6 내지 9회 반복한다.
4. 그늘에서 충분히 말리는 숙성과정을 거쳐 보관한다.

이렇게 숙성과정을 거쳐 만들어진 진피는 10년이 지나도 향긋한 냄새가 나며 오래 될수록 효과가 좋다. 중국 광동(廣東)지방의 신회(新會)지방이 산지로 유명하여 신회진피(新會陳皮)로 이름이 나 있다. 보통제품이 4년의 숙성과정을 거치며 상등품은 7년 정도, 30년 이상의 진피도 있다. 신회지방에서는 딸을 낳으면 진피를 만들고 이를 결혼시에 혼수품으로 지참하여 시집을 간다고도 한다.

진피의 사용방법은 물에 충분히 불려서 표면의 검은 반점을 떼어내고 약재에 넣어 사용한다.

신회진피

효능

여름철 원기를 보하는 대표적음식이나 열성체질과 열성병을 앓고 있는 사람에게는 맞지 않다. 이런 경우에는 인삼 대신 당삼을 쓰도록 한다. 방약합편 인삼을 보면 "인삼은 맛이 달고 원기를 보한다. 갈증을 멈추고 몸에 진액을 만들어 주며 영기와 위기를 조화한다" 하였다. 당삼(黨蔘)은 만삼(蔓蔘)이라고도 하며 인삼보다 다소 효력은 약하나 체질에 관계없이 쓸 수 있어 인삼대용으로 많이 쓰인다. 젖을 먹이는 산모에게도 쓸 수 있다

삼계탕

재료

중간크기 닭 1 마리
수삼 2 뿌리, 찹쌀 100g
대추 5 개, 밤 5 개

만드는 법

1. 닭을 내장을 들어내고 깨끗이 손질한다.
2. 수삼 1뿌리는 썰어서 찹쌀, 밤, 대추와 같이 닭 속에 집어넣고 닭의 아래, 위를 묶는다.
3. 다른 수삼 1뿌리와 위의 닭을 물에 넣고 1시간 정도 삶아서 소금, 후추, 파로 조미하여 먹는다.

*닭의 껍질을 벗기고 요리하면 더욱 담백한 맛을 낼 수 있다.

인삼

효능

몸이 허약하여 허열이 뜨거나 갱년기 증세와 같이 음이 부족하여 얼굴이 달아오르고 손발이 뜨거운 경우에 이용한다. 허열이 심하고 손발이 지나치게 뜨거운 경우에는 인삼이나 수삼 대신에 당삼을 쓴다. 당삼은 열을 올리지 않으면서 중초를 보하고 기를 더하는 보중익기(補中益氣)의 효력이 뛰어나다.

약선

19

오골계인삼탕

재료

오골계 1 마리
수삼 1 뿌리, 율무 50g, 대추 3개

만드는 법

1. 오골계의 내장을 들어내고 손질한 다음 수삼, 율무, 대추를 속에 넣고 1시간 정도 약한 불에서 삶는다.
2. 그런 다음 소금, 후추, 마늘, 파를 넣어 먹는다.

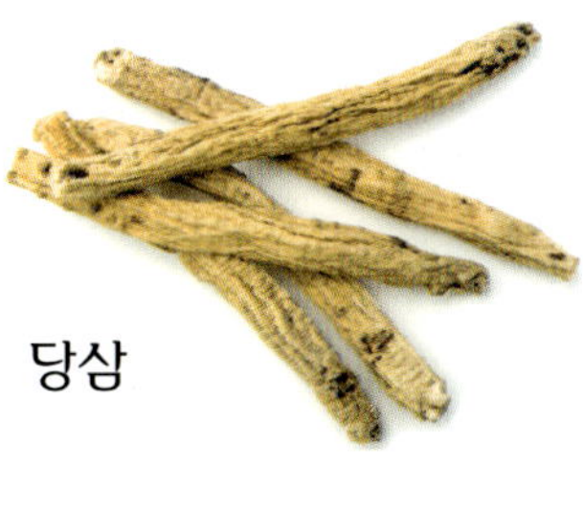

당삼

효능

황기는 인삼과 더불어 기를 보하는 대표적인 약재이다. 황기는 피부의 땀구멍을 조절하여 여름철 기가 허하여 땀이 지나치게 많이 나는 것을 조절한다. 더위에 지나치게 땀을 많이 흘리는 사람에게 권할 만한 음식이다. 방약합편의 황기를 보면 "황기는 맛이 달고 따뜻하며 땀이 많이 나는 것을 막는다. 종기의 새 살을 돋게 하며 몸이 허할 때 사용한다" 하였다.

약선

20

황기닭

재료

중간크기 닭 1 마리

황기 30g

만드는 법

1. 닭의 내장을 들어내고 깨끗이 손질한다.
2. 황기와 같이 1시간 정도 약한 불에서 끓인다.
3. 소금, 후추, 마늘, 파로 조미하여 먹는다.

황기

효능

음양곽의 다른 이름은 삼지구엽초인데 양기를 돋구어 성욕을 증진한다. 풍습을 없애는 작용이 있어서 장마철의 습기에서 오는 신경통, 관절통에도 좋다. 율무는 의이인이라고도 하는데 역시 몸 안의 습기를 빼내주는 작용이 있어 음양곽과 같이 사용하면 습기에서 오는 신경통, 관절통에 효과가 있다. 음양곽은 닭 특유의 냄새도 없애주기에 음양곽을 넣고 닭을 조리하면 먹기에도 좋다.

약선

21

음양곽닭

재료

닭 1 마리
음양곽 10g (신선한 음양곽 사용시는 30g)
율무 50g(미리 물에 불린다)

만드는 법

1. 닭 1 마리를 내장을 들어내고 깨끗이 손질한다.
2. 불린 율무를 넣고 1시간 정도 끓이다가 음양곽을 넣고 15분 정도 더 끓인 후 불에서 내린다.
3. 음양곽은 건어내고 후추, 소금, 마늘, 파로 조미하여 먹는다.

음양곽

효능

사상체질의학을 창시한 이제마 선생의 동의수세보원에 있는 처방으로서 소음인의 학질과 이질을 치료하는 데 신효한 효과가 있다 하였다. 여름철 보양식으로 이용하여도 되는데 소음인의 중초를 따뜻하게 하여 비위를 보한다. 약용으로서는 소금간은 하지 않는다. 계피는 육계라고도 하는데 방약합편의 계피를 보면 "계피는 맛이 맵고 뜨거운 성질이며 혈맥을 통하게 한다. 속이 찬 것을 덥히며 복통에 쓴다" 하였다.

약선
22

계삼고(桂蔘膏)

재료

닭 1 마리
인삼 40g, 계피 4g, 후추, 꿀

만드는 법

1. 닭을 내장을 들어내고 손질한다.
2. 속에 인삼, 계피를 넣고 낮은 불에서 1시간이상 충분히 삶는다.
3. 후추와 꿀을 넣어 먹는다.

*약용으로서 소금은 넣지 않는다.

계피

효능

한방의 유명한 옥병풍산을 이용한 닭요리이다. 옥병풍산은 기가 허하여 땀을 많이 흘리고 허약체질에 감기가 자주 걸리는 경우에 이용하는 처방이다. 처방 중 황기는 기를 보하며 백출은 소화기능을 돕고 방풍은 외부의 나쁜 기운을 막아 세 가지 약제를 합하여 피부의 기능을 강화하여 땀이 지나치게 흐름을 막고 감기를 예방한다.

약선

23

옥병계(玉屛鷄)

재료

닭 1 마리(3인기준)
황기 15g
방풍 15g
백출 30g

만드는 법

1. 닭 1 마리를 내장을 들어내고 깨끗이 손질한 다음, 황기, 백출, 방풍을 넣고 약한 불에서 1시간 정도 삶는다.
2. 고기는 소금, 후추, 마늘로 조미하여 먹고 그 물은 마신다.

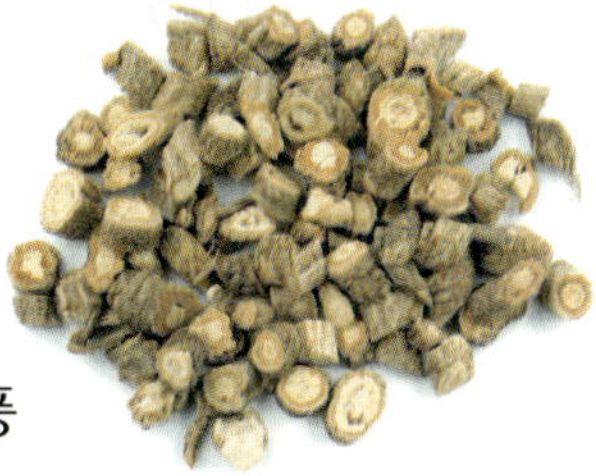
방풍

효능

소라, 산약, 용안육, 구기자는 모두 몸의 진액을 만들어주는 약재로서 영계와 같이 조리하여 먹으면 병후의 회복과 노약자의 원기회복에 효과가 있다. 그리고 영계와 소라는 새 살을 돋게 한다. 용안육은 중국의 남부지방과 대만에서 생산되는 열대성 과일로서 마음을 안정시키고 기혈을 보하는 작용이 있다.

약선

24

영계소라산약탕

재료

영계 1 마리

소라 2 개 , 산약 40g, 구기자 10g

용안육 20g, 생강 2쪽

만드는 법

1. 영계 1마리를 내장을 들어내고 손질한다.
2. 소라와 약재를 넣고 1 시간 정도 약한 불에서 삶는다.
3. 소금, 후추로 조미하여 고기는 먹고 그 물은 마신다.

용안육

효능

동충하초와 패모는 폐를 보하는 약재로서 오래된 해소, 천식에 좋은 효과가 있다. 동충하초는 폐와 신장에 작용하여 조루, 유정, 월경과다에 쓰이나 주로 폐에 관련 해수, 천식, 객혈에 효과가 뛰어나다. 영계동충하초탕은 폐기를 보하여 노약자의 해수, 천식과 기력이 쇠하고 오래 된 기침에 복용한다.

영계동충하초탕(冬蟲夏草鷄湯)

재료

영계 1 마리(2인 기준)
동충하초 20g,
패모 10g, 용안육 20g

만드는 법

1. 영계 1 마리를 내장을 들어내고 깨끗이 손질한다.
2. 약재를 넣고 1 시간 정도 약한 불에서 끓인다.
3. 고기는 소금, 후추로 조미하여 먹고 그 물은 마신다.

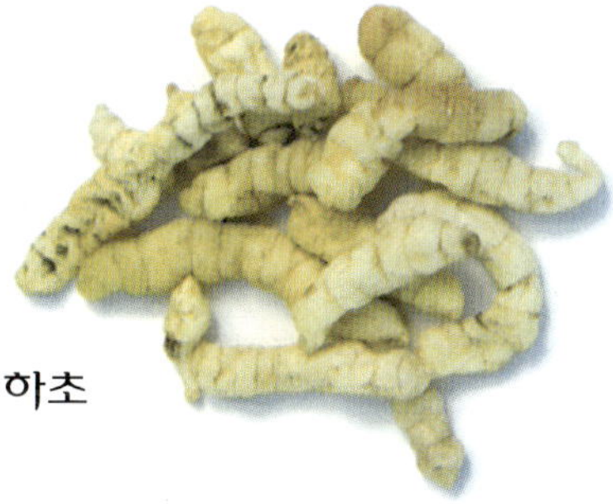
동충하초

효능

삼칠은 중국인삼이라고도 불리며 인삼에 버금가는 보기약이다. 주로 피에 작용하여 타박손상을 풀어주고 지혈작용이 있다. 산후출혈, 생리과다와 코피가 잘 터질 때 그리고 교통사고 등의 타박손상에 영계삼칠탕을 이용한다. 방약합편의 삼칠근을 보면 “삼칠은 맛이 쓰고 성질은 따뜻하다. 외용하거나 내복하면 통증을 가시게 한다”하였다.

약선 26

영계삼칠탕(三七鷄湯)

재료

영계 1 마리(2인기준)

삼칠근 8g

용안육 10g

만드는 법

1. 영계 1마리에 삼칠과 용안육을 넣고 1시간 정도 약한 불에서 끓인다.
2. 소금과 후추로 조미하여 고기를 먹고 그 물은 마신다.

*삼칠은 너무 많이 넣으면 쓴 맛이 나오므로 1인 기준하여 4g을 넘지 않도록 한다.

삼칠

효능

천마는 고혈압에 의한 어지러움과 모든 종류의 두통에 쓰이는 약재로서 진피, 백출과 같이 쓰면 그 효과가 뛰어나다. 뇌경색과 같이 뇌에 혈전이 생겼을 때에도 혈전을 풀어주며 혈액순환을 개선시킨다. 방약합편의 천마를 보면 "천마는 맛이 매우며 어지러움, 소아경기와 사지마비에 쓰인다" 하였다. 뇌에 혈전이 발생하여 뇌의 혈액순환을 개선할 필요가 있거나 두통에 의한 어지러움 증이 있는 경우 천마계탕을 만들어 수시로 복용한다.

약선

27

천마계탕(天麻鷄湯)

재료

닭 1 마리(2인 기준)
천마 20g, 녹차 5g
진피 10g, 백출 10g

만드는 법

1. 닭 한 마리를 내장을 꺼내고 깨끗이 손질한다.
2. 그 안에 천마, 녹차, 백출, 진피를 넣어 1시간 정도 약한 불에서 끓인다.
3. 소금과 후추로 조미하여 먹고 그 물을 마신다.

천마

효능

위절제 수술 후 회복에 이용하는 처방으로서 당귀와 황기는 기력을 보하고 보혈작용을 하여 수술 후의 회복을 빠르게 한다. 회복이 빠른 사람은 고기를 조금 먹어도 된다. 큰 병을 앓고 난 후의 회복 또는 수술 후의 원기회복에 복용하여도 좋다. 방약합편의 당귀를 보면 "당귀는 따뜻하며 피를 만들어 준다. 심장과 허한 것을 보하며 어혈을 풀어준다"하였다.

약선
28

성계탕(成鷄湯)

재료

닭 1 마리 (2인 기준)
당귀 20g
황기 30g

만드는 법

1. 닭의 내장을 꺼내고 깨끗하게 손질하여 그 안에 당귀와 황기를 넣고 약한 불에서 2시간 정도 무르도록 삶는다.
2. 그런 다음 소금을 조금 가미하여 그 물을 마신다.

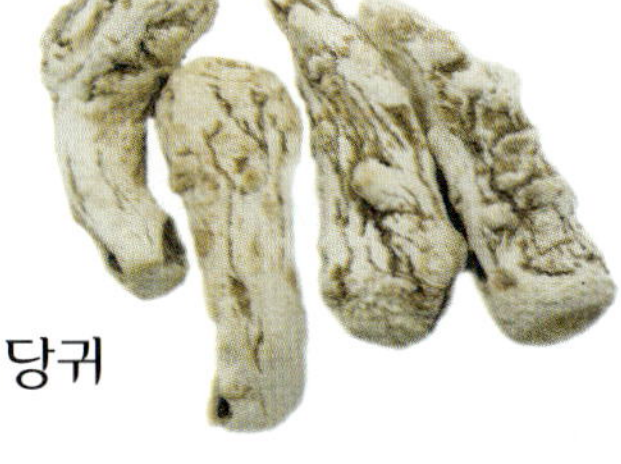
당귀

효능

율무는 비위를 튼튼하게 하며 체내의 불필요한 수분을 배출시킨다. 몸 안에 수분이 쌓여 몸이 붓거나 다리가 붓는 증상, 수분이 정체되어 관절통이 있을 때에는 율무로 닭죽을 쑤어 복용한다. 방약합편의 율무를 보면 "의이인은 맛이 달고 습기에서 오는 통증을 가시게 한다. 그리고 폐옹과 사지의 경련을 다스린다" 하였다.

약선

29

의이인닭죽

재료

닭 1마리(2인 기준)
율무쌀 75g, 찹쌀 25g

만드는 법

1. 의이인은 율무쌀을 말한다. 율무를 프라이팬에서 가볍게 볶는다.
2. 닭 한 마리를 내장을 꺼내고 1시간 정도 삶은 다음 뼈를 발라내고 고기를 잘게 찢어서 파, 마늘, 후추, 간장으로 양념을 한다.
3. 닭을 삶은 국물에 볶은 율무와 찹쌀을 넣고 약한 불에서 끓여 죽을 만들고 양념한 고기를 얹어 먹는다.

율무

효능

오두는 검은 콩인데 몸을 보하고 기를 더하며 신장을 튼튼히 하고 눈을 밝게 한다. 하수오 역시 간과 신장을 보하면서 보혈을 하므로 중년기에 들어서서 간혈의 부족으로 눈이 가물거리고 침침하며 머리가 빨리 세어지는 것을 예방하는 효과가 있다. 방약합편의 하수오를 보면 "하수오는 맛이 달고 오래 먹으면 임신을 시킬 수 있다. 정력을 보하며 머리를 검게 하며 안색을 아름답게 한다"하였다. 중년기에 들어서 눈이 침침하여 가물거리고 피부가 윤택성을 잃고 거칠어지며 머리가 세어지는 것은 간신(肝腎)의 기혈부족으로서 이 때에 오두하수오계탕을 수시 복용한다.

약선

30

오두하수오계탕

(烏豆何首烏鷄湯)

재료

닭 1마리(2인 기준)
검은 콩50g, 하수오 30g, 대추 5 개

만드는 법

1. 닭의 내장을 꺼내고 깨끗하게 손질한 다음 속을 검은 콩, 하수오와 대추를 넣고 아래와 위를 묶어 2시간 정도 약한 불에서 삶는다.
2. 소금, 후추, 파로 조미하여 먹는다.

하수오

효능

오골계는 몸에 진액을 만들어 허열을 없애주고 자라 역시 음을 보하고 허열을 없애므로(양음퇴열養陰退熱) 여성의 갱년기 증상, 당뇨병, 갑상선기능항진에 복용시 효과가 있다. 수삼은 기를 보하며 자라의 찬 성질을 완화한다. 둥굴레는 약재명이 황정(黃精)인데 역시 몸에 진액을 만들어 준다. 방약합편의 황정을 보면 "황정은 맛이 달며 오장육부를 편안히 하고 오로칠상(五勞七傷)을 다스린다"하였다(오로칠상-다섯 가지의 피로와 일곱 가지의 신체장부손상이며 모든 종류의 피로에서 오는 장부의 손상을 말한다).

약선

31

오골계용봉탕(烏骨鷄龍鳳湯)

재료

오골계 1마리(3인 기준)
자라 1마리, 수삼 2뿌리, 구기자 20g
둥굴레 30g, 별갑 1개

만드는 법

1. 자라의 등껍질을 떼어내고 내장을 꺼낸 다음 4~5개로 자른다.
2. 오골계도 내장을 꺼내고 씻어 놓는다.
3. 자라와 오골계, 수삼, 둥글레를 솥에 넣고 물을 부어 1시간정도 푹 삶아 익으면 소금과 후추로 조미하여 고기는 먹고 그 물은 마신다.

*약용으로서 고추, 마늘 종류의 맛이 진한 향신료는 쓰지 않는다.
*별갑이 있으면 조리하기 1시간 전에 미리 끓여서 그 물을 조리에 이용 한다

둥굴레(황정)

오골계烏骨鷄

오골계는 닭과 같은 꿩과 조류에 속하나 한의학상 분류하는 그 성질은 닭과 다르다.

닭은 한의학상 甘, 溫, 入脾胃二經으로 맛은 달고 그 성질은 따뜻하며 비장과 위장에 작용하여 먹으면 속을 따뜻하게 하여 몸을 보하는 식품으로 구분한다.

오골계는 분류하면 甘, 平, 入肝腎二經으로 맛은 달고 그 성질은 따뜻하지도 않고 차지도 않은 평성이며 간장과 신장에 작용하여 간과 신장을 이롭게 하고 음을 보하는 익신양음(益腎養陰)하는 음식으로 분류한다.

한의학의 오랜 경험에서 보면 오골계는 음을 보하여 허열을 없애주고(양음퇴열養陰退熱) 비위를 보하며 진액을 만들어주고 갈증을 없애주는(보중지갈補中止渴)효력이 있다 하였다.

음식으로서의 오골계는 음을 보하여 주므로 음이 모자라서 생기는 여러 가지 증상, 예를 들면 여성의 갱년기 증세, 고혈압, 당뇨, 갑상선기능항진증 등의 증상에 효력이 있다.

동의보감의 오골계 설명은 다음과 같다.

성질이 따뜻하고(溫), 맛이 달며(甘) 독이 없다. 풍(風), 한(寒), 습(濕)에서 생긴 비증(痺)과 반위(反胃)를 치료한다. 태아를 편안히 하며 산후에 허약해진 것을 보한다. 옹저도 낫게 하는데 고름을 빨아내고 새 피가 생기게 하며 사기(邪氣)와 악기(惡氣)를 없앤다. 털과 뼈가 다 검은 것이 제일 좋다.

동의보감은 조선 선조 때에 만들어졌으므로 이 때에도 털과 뼈가 다 검은 오골계가 있었음을 알 수 있다.

현재 우리나라에서는 검은 털과 흰 털을 가진 두 가지의 오골계가 사육되고 있다. 두 가지의 오골계 모두 뼈와 살은 검은 색을 갖고 있다.

흰털을 가진 오골계는 동남아시아 원산으로서 실키(silky)오골계라고 불리며 중국을 통하여 우리나라에 전래된 것으로 추정되나 언제 우리나라에 도입되었는지는 분명하지 않다.

지금은 검은 털의 오골계는 충청남도 논산시 연산면에서 사육되고 있으며 흰 털의 오골계는 충청북도 괴산군에서 사육되고 있다.

인삼의 종류

인삼에는 세계의 산지에 따라 여러 종류의 인삼이 있으며 그 효능이 달라 쓰임새도 다르다.

많이 쓰이는 인삼을 보면 한국인삼, 서양인삼, 당삼, 삼칠의 종류가 있다.

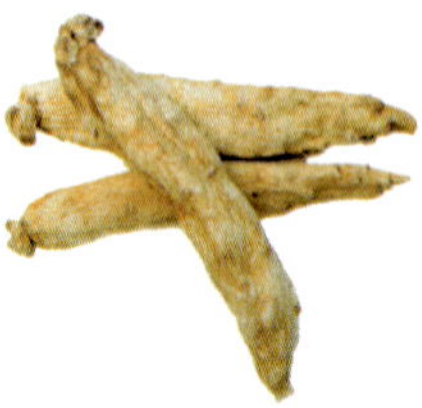

1. **한국인삼 (Panax Ginseng)** : 고려인삼이라고도 하며 우리나라와 중국의 동북쪽 백두산 기슭에서 재배된다. 중국에서는 길림삼이라고도 한다. 모든 종류의 인삼 중 그 효능이 가장 우수하며 주로 양기를 보하며 허한 경우에 보하기 위하여 사용한다. 맛은 쓰면서도 단맛이 있다. 4년 내지 6년간 재배한다.

2. **서양인삼(Panax Quinquefolius)** : 미국의 북쪽 위스컨신주와 캐나다에서 재배한다. 17세기 중엽에 산간에서 발견되었으나 약용으로 채취가 많이 되어 자연산은 찾아보기 힘들며 4내지 7년 정도 재배한다. 주로 음기를 보하는 데 쓴다. 맛은 쓰나 한참 후에 단 맛이 돈다.

3. 당삼(黨參Codonopsis pilosula) : 만삼(蔓參)이라고도 하며 인삼의 종류는 아니나 인삼의 대용으로 많이 쓰인다. 2000년 전에 쓰여진 중국의 의학서적에 기재된 인삼은 사실상 당삼이라는 설도 있다. 2000년 전에는 아직 한국 인삼이 중국에 알려지기 전이기 때문이다. 인삼이 체질에 맞지 아니한 사람이나 병증에 따라서는 인삼을 쓸 수 없는 경우가 있는데 이럴 때에 당삼을 사용한다. 효력은 인삼에 비하여 떨어진다. 인삼 대신 당삼을 쓸 경우에는 주어진 인삼량의 3배 정도를 사용한다.

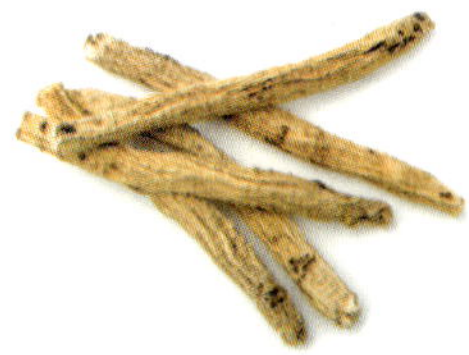

4. 삼칠(三七 Panax Notoginseng) : 전칠(田七)이라고 하는데 중국의 운남, 광서 등지에서 자란다. 중국인삼이라고도 한다. 임상에서는 보익약과 같이 써서 기혈을 보익하며 주로 각종 출혈증과 타박상, 어혈에 쓰인다. 인삼은 보기제일, 삼칠은 보혈제일이라고도 한다. 어혈을 풀고 혈액의 점도를 내리기에 심근경색의 완화에도 쓰인다. 운남 백약이라는 중국의 지혈 특효약의 주성분이며 무협지에서 협객들이 싸움 뒤에 부상을 치료하기 위하여 쓰는 약이 삼칠이다. 칼에 베이거나 하는 등의 가벼운 출혈에 삼칠을 가루 내어 바르면 즉시 출혈이 멎는다. 타박상이나 어혈증에도 도포하여 쓴다.

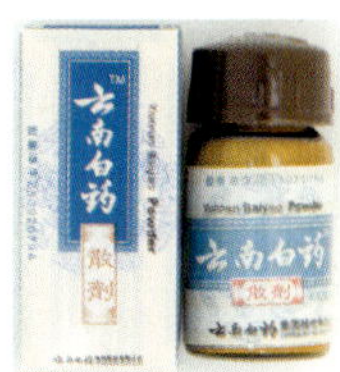

효능

방약합편에 수록된 임신부종에 쓰이는 처방으로서 한 마리로 하여 부기가 내리지 아니하면 한 번 더 하여 마시면 부기가 이내 빠진다. 임신 중이거나 출산 후 부기에 모두 쓸 수 있으며 기타 몸 안에 수분이 쌓여 붓거나 소변이 잘 나오지 아니한 경우에도 쓸 수 있다. 방약합편의 잉어를 보면 "잉어는 맛이 달며 수종을 내린다. 기를 내리고 태아를 안정시키는 효능이 가장 중요하다" 하였다.

잉어탕(鯉魚湯)

재료

잉어 (30~40cm) 1마리
백출 8g, 복령 8g, 백작약 6g
당귀 6g, 진피 2g, 생강 7쪽

만드는 법

1. 잉어의 비늘을 벗기고 내장을 빼내고 2시간 정도 물에 푹 삶아서 그 물을 1리터로 만든다.
2. 그 물에 위의 약재를 넣고 1시간 정도 달여서 500cc로 만들어 공복에 수시로 부은 기가 빠질 때까지 마신다. 소금 조미는 하지 않는다.

잉어

잉어 鯉魚

잉어는 한자로는 이어(鯉魚)로 쓰고 읽기는 잉어로 읽는다.

잉어는 붕어와 더불어 우리나라 전역에 서식하는 물고기로서 큰 것은 1m를 넘기도 한다. 잉어를 꿈에서 보면 태몽이라 하였고 또한 입신출세를 상징하는 물고기로 알려져 있다.

중국 황하의 상류에 거센 물결이 흐르고 있는 용문(龍門)이라는 곳이 있는데 잉어가 이 곳 물길을 거슬러 뛰어오르면 용이 된다 하였다. 즉 등용문(登龍門)인데 지금도 입신출세를 뜻하는 말이 되었다.

일본에서는 집에 남자 아이가 있는 집은 남자 아이의 입신양명과 무사히 성장하기를 바라는 마음에서 매년 5월 5일에는 잉어로 연을 만들어 집 밖에 매달아 두는데 이를 '고이노보리(鯉登)'라 한다. 즉 등용과 같은 뜻으로 아들의 출세를 바라는 부모의 마음이 담겨있다 하겠다.

이러한 잉어가 임신 중 혹은 출산 후 산모의 부기를 내리고 기운을 되찾는 으뜸 약재가 되니 잉어는 아이와 산모에 좋은 뜻이 담긴 물고기이다.

방약합편의 잉어를 보면 다음과 같이 약성이 설명되어 있다.

鯉魚味甘 消水腫 下氣安胎 功催重

즉 잉어는 맛이 달고 수종을 내린다. 기를 내리고 태아를 편안히 하는 공이 크다.

잉어는 주로 부기를 내리는데 이용되며 잉어를 이용하는 처방으로서는 잉어탕과 잉어적소두탕이 있다.

*잉어탕(32편 잉어탕 참조)

*잉어적소두탕

재료

잉어(30~40㎝) 1마리, 적소두 100g

만드는 법

잉어의 비늘은 그대로 두고 내장을 들어내고 흐르는 물에 깨끗이 씻은 다음 적소두를 안에 넣고 물을 부어서 2시간 이상 푹 삶은 다음 그 물을 수시로 마신다.

효능

몸이 부은 수종과 부종에 이용하며 3~4일 계속 마시면 부은 것이 내린다.

효능

메기는 신장에 작용하여 양기를 돋우며 허리와 무릎을 튼튼히 하고 보혈작용을 하며 아울러 부기도 내린다. 검은 콩 역시 신장을 자윤하고 눈을 밝게 하며 몸 안의 수분을 내려 부기를 없애주는 작용을 한다. 메기오두탕은 병후의 허약을 보하고 허증에서 오는 어지러움과 식은땀이 나는 증상에 쓰며 출산 후 부기와 혈허증에도 이용할 수 있다.

약선

33

메기오두탕

재료

메기 3~4마리 450g
검은 콩(오두烏豆) 100g, 진피 10g
대추 10개, 생강 2쪽

만드는 법

1. 검은 콩을 깨끗이 씻은 다음 프라이팬에서 볶아서 표피가 터지게 하고 물에서 3분 정도 끓인다.
2. 진피를 물에 불려 표면의 이물질을 제거하고 깨끗하게 씻는다.
3. 메기의 속을 따내고 깨끗이 손질하여 검은 콩, 진피, 대추, 생강을 넣고 물 2리터를 가하여 약한 불에서 2시간 정도 끓인 다음 공복에 수시로 마신다.

대추

효능

천마는 머리의 풍습(風濕)과 고혈압에서 오는 두풍(頭風), 각종 두통을 제거한다. 천궁도 각종 두통에 쓰이는 약재로서 천마와 천궁을 같이 하면 두통과 두풍에 그 효과가 뛰어나다. 방약합편의 천궁을 보면 "천궁은 성질이 따뜻하며 두통을 멈춘다. 피를 만들고 기를 소통하여 울혈을 풀어준다" 하였다. 천마천궁어두탕은 각종의 두풍과 두통에 이용한다.

약선

34

천마천궁어두탕

(天麻川芎魚頭湯)

재료

생선머리 1 개
천마 15g, 천궁 10g, 생강 1쪽

만드는 법

1. 생선의 머리를 반으로 자르고 아가미를 떼어내 깨끗이 씻어 손질한다.
2. 천마, 천궁, 생강을 물 1리터에 30분 끓이고 이 물에 생선을 넣어 약한 불에서 30분 끓인 다음 소금을 약간 넣어 3~4회 나누어 마신다.

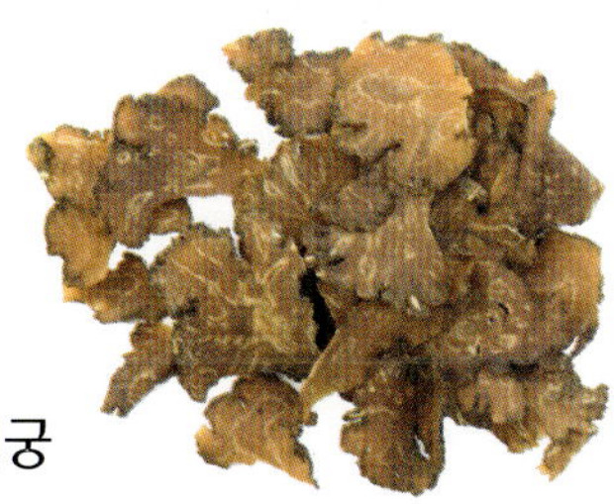

천궁

효능

병후회복에 쓸 수 있으며 아울러 노약자의 보익강장제로도 이용한다.
도미머리 대신 대구머리를 사용하여도 된다. 방약합편의 대구를 보면 "대구는 맛이 짜며 성질은 평(平)하며 기를 보하여 준다. 창자는 기름이 더욱 좋고 영양과 맛이 뛰어나다" 하였다.

인삼도미머리탕

재료

도미머리(대구머리) 1개
인삼 20g 혹은 수삼 2뿌리

만드는 법

1. 도미머리를 반으로 자르고 아가미를 떼어낸 다음 2~3조각으로 하고 소금을 뿌려 30분간, 재워둔다. 그리고 끓는 물에서 살짝 데쳐내고 얼른 찬물에 헹군다.
2. 인삼은 물 1리터에 끓여서 충분히 물러지면 위에 준비한 머리를 넣고 끓여서 익으면 파, 소금, 후추로 조미하여 먹는다.

인삼

효능

자라, 소라, 둥굴레, 백합, 구기자 모두 음을 보하는 약재로서 여성의 갱년기 증세, 갑상선기능 항진, 당뇨, 고혈압에 효과가 있다 별갑은 음을 보하는 중요한 약재로서 간장과 신이 허하여 오는 해수, 천식에 쓰인다. 둥굴레는 약재명이 황정(黃精)으로서 백합, 구기자와 더불어 음을 보하며 평소에 차로 마셔도 좋다. 방약합편에서의 자라고기를 보면 "자라고기는 성질이 차다. 능히 음을 보하나 임산부는 금한다" 하였다.

자라탕

재료

자라1 마리
소라 2~3 개, 둥굴레 20g, 백합 20g, 구기자 20g, 생강 3쪽
별갑 : 준비되어 있으면 1개

만드는 법

1. 자라의 등껍질을 떼어내고 내장을 들어낸 다음 4~5개의 토막을 낸다.
2. 떼어낸 등껍질은 별도로 수치하여 별갑을 만들어 다음에 쓴다.
3. 준비된 자라와 소라 및 약재를 넣고 물을 부어 1시간 정도 약한 불에서 끓인 다음 소금, 후추, 파 등으로 조미하여 먹는다. 이 때 미나리와 같은 야채를 넣어도 좋다.
4. 별갑이 있으면 별갑을 미리 1시간 정도 끓여 그 물을 조리에 이용한다.

*자라 소라는 모두 찬 성질을 갖고 있어서 찬 성질을 완화하기 위하여 생강, 후추, 파, 마늘과 같은 조미료를 넣어 찬 성질을 완화한다.

백합

별갑 鱉甲

별갑(鱉甲)은 자라의 등껍질을 말하는 것으로서 한방에서는 음을 보하여 허열을 없애주는 양음퇴열(養陰退熱) 중요한 약재이다. 용봉탕이나 자라탕을 조리할 때 나오는 자라의 등껍질은 버리지 말고 약재로 만들어 다음번 조리시 이용하면 좋다. 한방에서 약재로 만드는 법을 수치법(修治法)이라 하는데 별갑의 수치법은 다음과 같다.

■ 별갑 수치법

1. 등껍질을 떼 내어서 주변에 붙어있는 살을 깨끗이 떼어내고 흐르는 물에 여러 번 씻는다.
2. 프라이팬이나 오븐을 이용하여 살짝 굽는다.
3. 조각을 내어 보관한다.
4. 별갑을 사용할 때에는 미리 별갑을 물에 넣고 1시간 정도 끓여서 그 물을 조리에 이용한다.
5. 방약합편의 별갑을 보면 "별갑은 맛이 신 맛이며 성질은 평하고 해수기침과 허열을 다스린다. 그리고 어혈과 종기를 흩어버리고 하혈을 멎게 한다" 하였다.

효능

도인은 복숭아의 씨이다. 도인은 활혈(活血)하여 어혈을 풀어주고 장을 윤활하게 하여 변비를 소통시키며 기침도 멈추게 하는 효과가 있다. 어혈이 있어 생리가 순조롭지 못하고 변비가 있는 여성에 적합한 음식이다. 단 임신부는 금한다. 방약합편의 도인을 보면 "도인은 맛이 달고 성질은 차다. 대장을 윤활하게 하고 생리를 통하게 하며 어혈을 풀어준다" 하였다.

약선

37

도인오징어볶음

(桃仁墨魚)

재료

갑오징어 400g(3인 기준)

도인 20g, 생강 2쪽, 양파

만드는 법

1. 오징어를 깨끗하게 손질하여 5cm크기로 썬다. 이때 나오는 오징어 뼈는 버리지 말고 수치(修治)하여 해표초를 만들어 이용한다.
2. 프라이팬에 식용유를 두르고 오징어, 양파, 도인 생강을 넣어 가볍게 볶는다.
3. 물을 조금 넣고 센 불에서 한 번 끓이고 약한 불로 내려 오징어를 익혀 소금, 후추, 파를 넣고 조미하며 이 때 고추장을 조금 넣어도 좋다.

도인

해표초 海螵蛸

해표초는 갑오징어의 뼈이다.

갑오징어는 오적어(烏賊漁)라 하며 그 뼈는 오적골(烏賊骨)이 되는데 한약재로 이용할 수 있게 손질을 하면 해표초가 된다.

그 만드는 방법은

1. 갑오징어에서 뼈를 떼어내어 흐르는 물에 여러 번 씻어서 비린내를 완전히 없애고 말린다.
2. 불에 가볍게 굽는다.
3. 가루로 만든다.

갑오징어 → 오징어 뼈 → 씻어 말린다 → 프라이팬에서 가볍게 구어서 → 가루로 만든다.

■ 해표초의 이용법

해표초는 위산과다, 위궤양, 십이지장궤양에 요긴하게 쓰이는 약재이다 그 사용법을 보면

1. 위산과다 : 해표초 가루를 식전에 5g씩 복용한다.
2. 위궤양, 십이지장궤양 : 해표초 270g에 절패모(浙貝母) 45g을 가루로 만들어 잘 섞어서 병에 밀폐하여 냉장고에 보관한다. 이것이 오패산(烏貝散)이다. 오패산을 공복에 따뜻한 물로 6g을 하루 3회 공복에 복용한다.
3. 위궤양, 십이지장궤양에 출혈이 있을 경우 : 오패산 6g에 한약재 백급(百及)가루를 6g 더하여 복용한다. 백급은 손상된 위벽을 복구하는 효과가 있다.

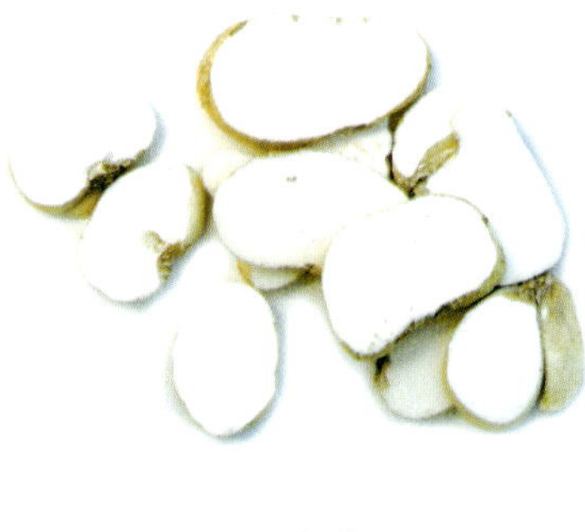

절패모

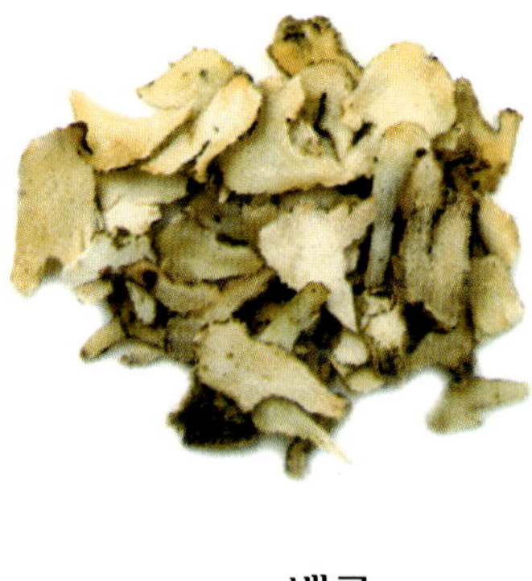

백급

효능

해삼은 인삼에 버금가는 몸을 보하는 식품이며 죽여는 임신 중 태열을 내려서 태를 안정시켜 입덧을 예방하여 해삼죽순탕은 임신부에 아주 적합한 음식이다. 또한 죽순은 열을 내리고 소변을 이롭게 하여 해삼죽순탕은 임신부뿐만 아니라 당뇨에도 유용한 음식이다.
방약합편의 죽여를 보면 "죽여는 위열을 내려 구역을 멈추고 한담을 제거한다. 그리고 열로 인하여 잠을 이루지 못하는데 쓰인다" 하였다.

해삼죽순탕(海蔘竹筍湯)

재료

불린 해삼 100g (2인 기준), 돼지고기 100g,
죽순 2개, 죽여 20g, 표고버섯 2~3개, 새우 50g
굴소스, 부추, 녹말가루

만드는 법

1. 죽순을 쌀뜨물에 하루정도 담근 다음 삶아서 찬물에 헹구어서 채로 썬다.
2. 죽여는 물 200cc에 끓여서 죽여는 건져내고 그 물에 녹말가루를 푼다.
3. 돼지고기를 삶아 편으로 만든다.
4. 해삼과 표고버섯을 물에 불린 다음 채로 썬다.
5. 프라이팬에 식용유를 두르고 마늘과 생강을 넣고 볶다가 준비한 해삼, 죽순, 버섯을 넣고 간장을 넣어 다시 볶는다.
6. 여기에 굴 소스, 새우, 부추, 돼지 고기편을 넣고 (2)의 물 녹말을 넣은 다음 가볍게 가열하여 참기름을 한 두 방울 떨친 후 먹는다.

죽여

효능

하고초는 혈압을 내리고 눈을 밝게 하며 열독을 풀어주고 동과는 얼굴에서의 열을 내리고 갈증을 풀어주며 변비를 물리친다. 다시마동과탕을 수시로 마시면 체내의 열독을 내려서 여드름을 제거하고 피부를 깨끗하게 만들어주며 변비 해소와 다이어트를 통한 체중감량을 할 수 있다. 방약합편의 동과를 보면 "동과는 맛이 달고 차며 열에 의한 갈증을 풀어준다. 대소장을 통하게 하며 단석(丹石)의 독을 풀어준다" 하였다. 단석의 독은 중금속의 독성을 의미한다.

약선

39

다시마동과탕

재료

다시마 1 장(마른 다시마) 10g

동과 600g, 백합 20g

하고초 25g, 배 2개

만드는 법

1. 배를 껍질을 벗기고 4조각을 내어 속을 파낸다.
2. 다시마를 물에 불려서 소금기를 빼어낸다.
3. 준비한 배, 다시마, 동과, 백합, 하고초에 물 3L를 가하여 낮은 불에서 1시간 끓인다.
4. 생백합을 쓸 경우에는 불을 끄기 15분 전에 넣어서 끓인다.
5. 불을 끄고 식힌 다음 설탕을 넣고 수시로 음료 대신 마신다.

동과

효능

날씨가 더워지면 체온이 올라가 소아나 노약자는 더위를 탄다. 더위의 증상은 머리가 어지럽고 입이 마르며 코피가 잘 터진다. 연잎녹두죽은 더위를 물리치며(소서제번消暑除煩) 몸의 진액을 만들고 갈증을 없애며(생진지갈(生津止渴)) 코피를 멈춘다.(양혈지혈(涼血止血)). 여성들의 여드름이나 생리과다에도 이용한다. 단 몸이 차거나 속이 냉한 경우에는 이용하지 않는다.

연잎녹두죽(荷葉綠豆粥)

재료

찹쌀 50g, 녹두 50g, 연잎 1~2장

만드는 법

1. 녹두를 삶아서 으깨어 체에 내려 가라앉힌다.
2. 윗물을 떠서 불린 찹쌀을 넣고 끓이다가 쌀알이 퍼지면 여기에 가라앉힌 녹두 앙금을 넣고 연잎을 크게 썰어 그 위를 덮는다.
3. 끓여서 죽이 되면 연잎을 걷어내고 설탕이나 꿀을 가미하여 먹는다.

하엽

연蓮

연(蓮)은 따뜻한 지방에서 자라는 수련과(水蓮)의 식물로서 우리나라 남부의 연못에서 잘 자란다. 연은 꽃, 줄기, 잎, 뿌리의 모든 부분이 중요한 약재이다. 각 부분을 보면

1. 연자(蓮子) : 연의 열매로서 맛은 달고 수렴하는 작용이 있다. 비위를 보하며 설사를 멈추게 하고 신장을 보하며 정액이 저절로 나오는 유정을 잡아주며 정신을 안정시킨다. 본 책에 있는 산약연자육죽을 장복하면 비위를 튼튼히 하고 마음을 안정시키는 효능이 있다. 연자는 수백 년이 지나도 싹을 틔우는 생명력이 있다.
2. 연자심(蓮子心) : 연자 속에 들어있는 초록색의 배아이다. 맛은 쓰고 성질은 차며 열병에 열을 내려준다(청심제번(淸心除煩)). 맛이 쓰므로 연자육죽을 만들 때는 이를 제거한다.
3. 연수(蓮鬚) : 연꽃의 가운데 있는 꽃술이다. 맛은 달고 수렴하는 성질이 있어 몽정, 유정, 활정, 빈뇨, 야뇨, 월경과다에 쓰인다.
4. 연방(蓮房) : 연꽃의 열매가 들어있는 집이다. 맛이 쓰면서 수렴하는 성질이 있어 어혈을 풀고 출혈을 멈추게 한다(소어지혈(消瘀止血)).
5. 연근(蓮根) : 연의 뿌리 부분으로 한약재 이름은 우절(藕節)이다. 피를 식히고 멈추게 하는 작용이 있다(양혈지혈(凉血止血)). 여름철 날씨가 뜨거워지면 아울러 체내의 혈액도 열을 받게 되어 코피가 잘 터지기도 한다. 이때 갈비연근조림과 같은 음식을 만들어 먹는다.

약용으로서는 연근의 마디가 효력이 세어서 버리지 말고 이용한다. 갑작스런 코피나 생리출혈, 하혈이 있을 시는 생즙을 만들어 마시면 효과가 있다.

6. 하엽(荷葉) : 연의 잎이다. 맛은 쓴 맛으로서 수렴하는 성질이 있어서 여름날 더위 먹었을 때 그리고 비위가 허하여 설사할 때 그리고 각종 출혈증에 쓰인다. 연잎을 태워서 재를 만들고 이것을 1g씩 매일 2회 미음에 타서 마시면 살이 빠진다 하였다(하엽산荷葉散).
7. 하경(荷梗) : 연의 잎줄기이다. 맛은 쓰며 성질은 평(平)하다. 임신중 태아를 안정시키며 월경과다 및 대하에 쓰인다.

효능

산약과 연자육은 비위를 강화하여 소화기능이 약하여 오는 설사를 막으며 여성의 월경과다와 백대하를 잡아준다. 아울러 연자육은 양심안신(養心安神)의 효능이 있어 마음을 안정시켜 잠을 잘 오게 하며 소심하여 발표력이 약하거나 나서기를 꺼려하는 경우에도 장복하면 효과가 있다. 또한 비위가 약한 아이들이 장복하면 비위 기능을 튼튼히 하여 체질 개선을 하고 면역력을 증강하여 알러지 체질을 개선할 수 있다. 방약합편의 연자를 보면 "연자는 맛이 달고 비위를 튼튼히 한다. 설사를 멈추며 유정을 잡아주고 심기를 기른다" 하였다.

산약연자육죽(山藥蓮子肉粥)

재료

산약가루 20g(생산약 60g)
연자육 15g, 찹쌀 혹은 , 조 50g

만드는 법

1, 연자육을 3시간 정도 물에 불려서 안에 들어있는 초록색의 연자심을 빼어내고 믹서를 이용하여 곱게 간다.
2. 미리 물에 불린 쌀에 연자육과 산약가루를 넣고 죽을 만들어 소금을 넣고 먹는다.

연자육

효능

계내금은 닭 모래집의 안쪽 껍질을 말려 약재화한 것이다.
산약과 같이 쓰면 비위를 튼튼히 하여 잘 체하거나 혹은 복부에 가스가 차 복부팽만감이 있을 때 이용한다. 또한 계내금은 방광과 신장의 소변 기능을 강화하는 효력이 있어 소아의 야뇨증과 빈뇨증에도 효능이 있다. 방약합편의 계내금을 보면 "계내금은 성질이 차고 유정(遺精), 이질, 하혈을 다스리며 열을 내린다" 하였다. 소화가 잘 안되고 복부에 가스가 차는 복부팽만감이 있거나 소아의 소화불량과 야뇨, 빈뇨증에 이용한다.

약선

42

산약계내금죽(山藥鷄內金粥)

재료

산약가루 20g, 계내금 5g, 찹쌀 50g

만드는 법

1. 계내금을 약한 불에서 가볍게 볶은 다음 가루를 만든다.
2. 그리고 찹쌀을 물에 불려 산약과 계내금 가루를 넣고 죽을 만들어 먹는다.
3. 기호에 따라 소금이나 설탕으로 조미하여 아침과 저녁에 따뜻하게 하여 먹는다.

계내금

효능

산약과 찹쌀은 비위를 보하며 두충과 속단은 태아를 안정시키는 작용이 있어 산약안태죽을 계속 먹으면 습관성유산을 예방하며 혹은 유산의 염려가 있을 때도 복용한다. 또한 속단은 뼈가 부러지거나 타박상에도 좋아 교통사고 등으로 인한 외상에도 이용한다. 방약합편의 속단을 보면 "속단은 맛이 맵다. 뼈와 힘줄을 이으며 타박손상을 다스리고 고정시키는 효력이 있다." 하였다

약선

43

산약안태죽(山藥安胎粥)

재료

참쌀 50g

산약가루 20g, 속단 10g, 두충 10g

대추 5개

만드는 법

1. 속단과 두충을 먼저 1시간 정도 끓여서 약재를 건져내고 그 물에 찹쌀, 산약, 대추를 넣고 죽을 만들어 복용한다.

속단

효능

석결명은 전복의 껍질인데 간에 작용하여 눈을 밝게 하며 간음을 보하여 간의 화기를 내린다. 전복죽을 만들 때에는 필히 버리지 말고 이용한다. 방약합편의 석결명을 보면 "전복은 맛이 짜고 시원하다. 석결명은 눈이 침침함을 없애고 눈을 밝게 한다" 하였다.

약선

44

석결명전복죽(石決明全鰒粥)

재료

전복 1마리

쌀 50g, 전복껍질 20g

만드는 법

1. 쌀을 미리 물에 불린다.
2. 전복을 껍질에서 떼어내고 내장과 살을 따로따로 썰어 놓는다.
3. 불린 쌀과 내장을 넣고 참기름을 조금 넣고 볶는다.
4. 물을 부어 쌀이 퍼질 때까지 끓이고 썰어놓은 전복살을 넣고 한 번 더 끓여 소금으로 조미하여 먹는다.

*떼어낸 껍질은 버리지 말고 약한 불에서 가볍게 구어 약재로 이용한다. 이것이 석결명인데 죽을 끓이는 물을 사용할 때 석결명을 강한 불에서 2시간 끓여 이 물을 이용하면 눈이 밝아진다.

석결명

효능

대합조개는 약물의 독성을 제거하며 피부병을 다스리고 인진쑥은 황달을 물리치고 소변을 이롭게 하며 열을 내린다. 대합인진죽은 간염, 간 기능 회복, 황달 및 간성부종과 피부병에 이용하면 좋다. 방약합편의 인진을 보면 "인진은 맛이 쓰며 황달을 물리치고 습기를 내려 소변을 이롭게 하고 열을 내린다" 하였다.

약선

45

대합인진죽(大蛤茵蔯粥)

재료

대합조개 2～3개
인진 쑥 20g, 대추 6개, 찹쌀 100g

만드는 법

1. 대합을 물에 담그어 모래를 토하게 한 후 껍질에서 떼어내어 잘게 썬다.
2. 찹쌀을 물에 불린다.
3. 대합을 참기름에 볶은 후 불린 찹쌀과 물을 넣고 끓여서 쌀알이 풀어지면 인진쑥을 넣고 한 번 더 끓인다.
4. 대추를 썰어 넣고 소금을 넣어 먹는다.

인진쑥

효능

한방의 오약과 익지인으로 된 축천환(縮泉丸)을 이용한 죽으로서 노인의 야간 빈뇨 및 변비와 소아야뇨증에 이용한다. 산약은 비위를 보하며 용안육은 마음을 진정시키는 효과가 있다 방약합편의 익지인을 보면 "익지인은 맛이 매우며 성질은 따뜻하다. 구토를 다스리며 마음을 편안히 하고 유정과 소변 빈삭을 다스린다" 하였다.

익지인산약죽(益智仁山藥粥)

재료

참쌀 50g
산약가루 15g, 익지인 10g, 오약 10g
용안육 15g, 대추 6 개

만드는 법

1. 찹쌀을 씻어 물에 불린다.
2. 익지인과 오약을 물에 넣고 1시간 약한 불에 끓여서 약재는 건져내고
3. 그 물에 찹쌀, 산약, 용안육, 대추를 넣고 쌀알이 퍼지도록 끓이며 죽을 만들어 소금을 조금 가미하여 먹는다.

익지인

효능

호두는 신장과 폐를 보하며 허약한 것을 다스리는 약으로서 폐와 신장이 허약하여 생기는 해수, 천식, 요통, 다리가 시큰거릴 때 쓰이며 소변이 잦은 소변 빈삭도 다스린다. 또한 기름기가 있어 장이 건조하여 오는 변비에는 꿀과 같이 복용하면 윤장하여 변비를 치료한다.

약선
47

호두밀과(胡桃蜜菓)

재료

호두살 100g
꿀 100g

만드는 법

1. 호두를 잘게 부수어 프라이팬에서 가볍게 볶는다.
2. 그런 다음 꿀에 버무려서 밀과를 만들고 공복시 수시로 먹는다.

호두

효능

예로부터 전해 내려오는 약 떡으로서 정신을 보양하고 원기를 돋우며 비위를 튼튼히 하고 식욕을 증진시킨다. 병후의 원기회복과 수험생, 입시 준비생들의 식사대용으로서도 좋다.(출전 : 방약합편) 시상(柿霜): 곶감의 겉에 생기는 흰 가루이다. 상초의 열을 없애고 진액을 만들어주며 갈증을 없애준다. 시상은 곶감 만드는 계절에 산지에서 구할 수 있으나 없으면 곶감으로 대용한다.

약선

48

구선왕도고(九仙王道糕)

재료

연자육 (가운데의 초록색 연자심은 빼어낸다)
산약(가볍게 볶아서 가루로 만든다), 복령, 의이인 각 150g,
맥아(볶은 것), 백편두(볶은 것), 감실 각 7g,
시상(柿霜) 38g(없으면 곶감 10개를 썰어 이용)
설탕 750g, 멥쌀가루 5되

만드는 법

1. 멥쌀가루 5되를 겹겹이 쌓으면서 사이사이 위의 약재로 만든 가루를 넣으며 시루떡을 만든다.
2. 곶감을 이용할 시에는 잘게 썰어서 떡을 만들시 넣는다.

곶감

효능

상심자는 뽕나무의 열매로서 오디인데 맛은 달고 성질은 차다. 마음을 안정시켜 불면증에 좋으며 변비에도 좋다. 상심자는 보음약이며 용안육은 보양약이다. 음양의 조화를 맞추고 사과를 더하여 상심계원고는 피로를 풀어주고 두뇌활동을 도와주어 기억력을 높이며 변비도 없애주어 공부하는 청소년의 간식으로 적합하다. 과일잼 대용으로 빵에 발라서 먹어도 좋다.

약선

49

상심계원고(桑椹桂圓糕)

재료

오디 50g(오디는 상심자인데 말린 것은 15g을 사용한다)
용안육 50g
사과 1개, 설탕 20g

만드는 법

1. 상심자와 용안육, 사과를 잘게 썰어 물에 넣고 설탕을 가미하여 약한 불에서 1시간 끓여서 젤리로 만들어 먹는다. 오디가 나오는 계절에 만들어 두고 먹으면 좋다.

상심자

효능

인후염과 감기에 쓰며 임산부에게도 안심하고 쓸 수 있다. 목소리를 많이 쓰는 가수, 아나운서, 교사들이 복용하면 성대를 보호하고 목소리를 맑게 한다. 패모는 두 가지 종류가 있는데 열이 있을 경우에는 절패모를 사용하고 예방이나 성대보호를 위하여는 천패모를 사용한다.

약선

50

패모행인탕(貝母杏仁湯)

재료

배 1개, 행인 3g, 패모 3g

백합 3g, 꿀

만드는 법

1. 배의 속을 파내고 여기에 행인, 패모, 백합을 넣고 꿀을 가하여 중탕으로 30분 정도 끓인다.
2. 충분히 익으면 배를 으깨고 그 물을 마신다.

절패모

효능

하루에 한 번씩 4일정도 마시면 목이 트이며 개운하다. 감기 후 목이 잠기거나 담배를 많이 피는 사람, 성대를 많이 쓰는 사람에 좋다.

약선

51

천패행인사과탕

재료

사과 1개(4인 기준)

천패모 대인 20g(소아 12g)

행인 20g, 대추 2개, 진피 10g

만드는 법

1. 사과를 4조각을 내고 속은 잘라낸다.
2. 진피를 물에 불려 깨끗이 씻고 안쪽의 흰 부분을 떼어낸다.
3. 400cc의 물을 붓고 약한 불에서 30분 정도 중탕을 하여 끓여 마신다.

천패모

효능

산약은 비위를 튼튼히 하며 감실은 유정(遺精)과 설사를 잡아주며 백대하를 멈추게 한다. 손발이 차고 다리가 부으며 백대하가 빈번할 시에는 감실을 20g으로 늘리고 율무를 20g 가하여 죽을 만든다. 감실은 가시연꽃의 열매인데 방약합편의 감실을 보면 "감실은 맛이 달며 능히 정력을 보한다. 습기에서 오는 허리와 무릎의 통증과 시큰거림에 쓰인다" 하였다.

약선

52

산약감실죽(山藥芡實粥)

재료

찹쌀 혹은 차조 100g

산약 20g, 감실 10g, 대추 3개

만드는 법

1. 감실을 3시간 이상 물에 불려서 믹서에서 곱게 간다.
2. 미리 물에 불린 쌀(차조)에 감실과 산약가루를 넣고 죽을 만든다.
3. 대추살을 뿌리고 소금으로 조미하여 먹는다.

감실

효능

천미는 두통, 두풍, 중풍으로 인한 뇌질환에 쓰인다. 황기, 계지와 같이 기를 순환시키는 약재와 같이 쓰면 중풍의 뇌혈전을 풀어주는데 도움이 된다. 계지는 계수나무의 잔가지인데 방약합편의 계지를 보면 "계지는 잔가지이다. 손과 발의 통증과 저림을 없애며 근육을 풀어주고 땀을 멈춘다"하였다.

약선

53

천마황기죽(天麻黃蓍粥)

재료

맵쌀 100g
천마 10g, 황기 15g, 생강 15g
백작약 10g, 계지 10g

만드는 법

1. 천마, 황기, 생강, 백작약, 계지를 물에 넣고 1시간 끓여서 약재를 건져내고 이 물을 이용하여 쌀을 넣고 죽을 만든다. 하루 한번씩 복용한다.

계지

효능

인삼은 원기를 보하고 복령은 위장을 튼튼히 하며 몸 안의 불필요한 수분을 빼준다. 기운이 없어 나른하며 얼굴이나 다리가 붓거나 할 때에 이용한다. 한방에서 기를 보하는 대표약이 사군자탕인데 이 처방 중의 인삼, 복령을 이용한 음식이다.

약선

54

인삼복령버섯밥

재료

쌀 200g
수삼 1 뿌리, 복령 15g, 표고버섯 15g
양념장(마늘, 파, 참기를, 간장)

만드는 법

1. 복령과 버섯을 물에 불려 잘게 썰고 수삼도 잘게 썬다. 이상의 재료를 넣고 밥을 지어서 양념장에 비벼 먹는다.

복령

효능

진주모는 진주조개의 껍질이며 굴 껍질은 한약재의 이름이 모려이다. 모려는 진주모와 더불어 마음을 안정시키는 중요한 약재이다. 진주모와 모려를 이용한 굴죽은 영양분도 많을 뿐 아니라 마음을 진정시키고 경련을 진정시키는 작용이 있다. 임신 중 경련발작이 일어나는 자간(子癎)에 효능이 있다. 또한 마음을 안정시키기에 입시 시험 등의 중요한 시험을 치기 전에 만들어 먹어도 좋다. 방약합편의 진주를 보면 "진주는 성질이 차다. 경련과 간질을 잡아주며 귀를 열어주고 눈을 밝게 한다. 그리고 갈증과 담을 없앤다" 하였다. 속이 냉하고 더부룩한 사람은 진주모죽을 피한다.

약선

55

진주모죽(珍珠母粥)

재료

쌀 100g
표고버섯 2개, 진주모 20g,
굴 200g, 굴 껍질

만드는 법

1. 쌀과 표고버섯을 물에 불린 다음 버섯은 채로 썰어 놓는다.
2. 진주모와 굴 껍질을 물에 넣고 센 불에서 2시간가량 끓여서 진주모와 굴 껍질은 버리고 그 물을 받아둔다.
3. 냄비에 불린 버섯과 굴을 넣고 참기름으로 볶는다. 그리고 불린 쌀을 넣고 2의 진주모물을 조금씩 부어가면서 잘 저어가면서 끓인다. 쌀알이 퍼져 죽이 되면 소금으로 조미하여 먹는다.

진주모

3. 음식과 건강관리

중년기 건강 관리

비만 다이어트 체중감량

임산부 건강관리

중년기 건강관리

여성은 일생을 통하여 2번 신체의 중요한 변화를 경험한다. 하나는 생리를 시작할 때이고 또 하나의 변화는 생리가 없어지는 폐경을 전후하여 맞게 되는 몸과 마음의 변화이다.

남성은 여성만큼 확연히 눈에 뜨이지는 않지만 역시 중년을 넘어 감에 따라 신체의 변화를 겪게 되는 것은 분명한 사실이다.

한의학의 제일 오래된 경전인 황제내경의 소문편 제1장 상고천진론에서는 사람의 일생에서 일어나는 나이에 따른 신체의 변화를 다음과 같이 설명하고 있다.

◇ 기백*왈

여자

7세이면 신장의 기운이 성하여(腎氣盛) 치아를 갈고 모발이 길어지고

14세이면 생식기능이 발달하여 임맥(壬脈)이 통하고 태충맥(太衝脈)이 성하여 생리가 시작되고 임신이 가능하다.

21세이면 신기(腎氣)가 골고루 퍼져 사랑니가 나고 커진다. 신의 음양

이 최고에 달해 신음신양(腎陰腎陽)이 얼굴을 흠뻑 적신다.

28세이면 근골이 튼튼하여지고 머리카락이 제일 길며 신체가 일생 중 가장 발달한다. 여성의 골반 뼈가 굳어진다.

35세이면 얼굴의 양명맥(陽明脈)이 쇠하여 얼굴이 윤기가 없어져 초췌하여지기 시작하며 머리카락이 빠지기 시작한다.

42세이면 삼양경맥(三陽經脈)이 쇠하여 얼굴이 초췌하며 머리가 희어진다. 양경맥에 대응하는 음경맥도 쇠퇴하기 시작하여 원기생성이 안되고 신(腎)기능도 떨어지고 심(心)에 신기(腎氣)자양이 안 되어 깜박깜박 잊어버리기를 잘 한다.

49세이면 임맥(任脈)과 태충맥(太衝脈)이 완전히 비게 되어 월경이 끊어지게 되어 아이를 가질 수 없다.

남자

8세이면 신장의 기운이 충실하여 치아를 갈고 모발이 길어지고

16세이면 신기가 왕성하고(腎氣盛) 정기(精氣)가 넘쳐흘러 음양 화합 시 자식을 만들 수 있고 신체적으로 성인이 된다.

24세이면 양기가 골고루 퍼져 근골이 발달하고 사랑니가 난다. 신음신양(腎陰腎陽)이 최고에 달한다.

32세이면 근골과 체격이 일생 중 가장 커진다.

40세이면 신기가 쇠하여(腎氣衰) 머리카락과 이가 빠지기 시작하며

48세이면 양기가 쇠하여(陽氣衰) 얼굴이 초췌하여지며 수염과 모발이 희어진다.

56세이면 간 기능이 쇠퇴하여(肝氣衰)하여 힘줄을 마음대로 쓰지 못하니 성기능이 약해지고 정기와 신기가 말라 얼굴모양이 망그러진다.

64세이면 모발과 치아가 빠지며 신수(腎水)가 말라 아이를 만들 수 없다.

***기백 : 황제(黃帝)의 어의로서 황제내경에서 동양의학을 설명하는 의사**

이상에 기술한 신체의 변화는 평균적인 사람으로서 개인별 편차가 있음은 물론이다. 그러나 2000년 전에 쓰여진 기록임에도 불구하고 현대인에게 적용하여도 크게 틀리지는 않는다.

◇ 갱년기 여성의 건강

갱년기에 들어서 나타나는 여러 증상 예를 들면 불규칙적인 생리, 머리가 어지럽고 귀가 울린다, 잠들기 어렵고 꿈이 많다, 열이 위로 올라 얼굴이 화끈거린다, 손발바닥이 뜨겁다, 변비와 피부소양증의 여러 증상이 나타나게 된다.

이러한 증상들은 신체의 음양의 균형이 깨어져 음이 모자라고 따라서 양기가 위로 치솟아 생기는 증상이다.

이러한 음이 허한 증세가 신체에 나타나는 증상이 고혈압, 당뇨병, 갑상선기능항진 같은 증세인데 그 근본 원인은 모두 음이 허하여 양이 치솟은 데에 그 원인이 있다.

이에 대한 치법은 음을 보충하여 치솟은 양을 내리는 것인 즉 음을 보충하는 음식과 약재를 섭취하는 것이다.

이에 속하는 음식과 약재는 당귀, 숙지황, 생지황, 둥글레, 구기자, 백합, 오골계, 자라와 같은 종류인데 자라에서는 특히 자라의 등껍질인 별갑을 중요한 약재로 취급하고 있다.

본문에서의 자라와 오골계를 사용한 용봉탕도 음을 보하는 중요한 음식이다. 그리고 평소에도 커피 같은 흥분시키는 음료보다는 음을 보하는 구기자차, 둥굴레차 같은 것이 좋다.

◇ 남성 건강

남성 역시 40대 이후에는 성 능력이 하강 하는데 나이에 따른 신체의 사이클뿐만 아니라 현대의 사회생활로부터 오는 스트레스도 큰 몫을 하고 있다. 스트레스는 간 기운을 막아서 기가 소통이 안 되게 하며 간기가 울체되면 바로 성 기능에 이상 신호를 보내게 된다.

그리고 현대인들은 계속 앉아서 일하는 정신노동을 많이 하는 바 계속 앉아서 머리를 많이 쓰게 되면 비장의 기능을 손상시켜 소화기능에 영향을 주고 영양분 흡수에 지장을 받게 된다. 이를 해소하는 치법은 스트레스 해소와 적당한 운동이다. 또한 과도한 음주와 흡연도 그 원인이 되는 것이니 옛 사람들은 양생의 도에 관하여 다음과 같이 설명하고 있다.

황제내경 상고천진론에서 황제가 기백에 다음과 같이 질문한다.

문 : 옛 사람들은 나이가 백세가 되어도 기력이 쇠하지 아니하고 활발히 활동하였는데 지금은 나이가 50만 되어도 동작이 쇠퇴하는데 이는 무슨 까닭인가?

답: 옛 사람들은 양생의 이치를 알아 춘하추동자연의 이치에 맞추어 생활하고 음식과 기거에 절도가 있고 심신을 무리하게 과로하는 일이 없었습니다. 그리하여 육체와 정신이 조화되어 백년의 수명을 다 할 수 있었습니다. 그러나 지금의 사람은 자연의 이치에 맞게 생활하고 있지 아니합니다. 술을 절제 없이 마시고 술에 취하여 이성과 교접하고 정욕이 동하는 대로 여자를 찾아 정기를 소모하는 등 생의 진기를 상실하고 있습니다. 이와 같이 심신의 진기를 보존하지 않고 생활이 무절제하기에 벌써 50세만 되면 노화현상이 나타나게 됩니다.

위와 같이 춘하추동 자연의 이치에 맞추어 생활하고 음식을 절제하며 심신을 과로하지 않는 양생의 도를 설명하고 있다.

중년이 되면서 혈압이 오르고 혈중 콜레스테롤이 높아지는 사람이 많으며 이 때 이용할 수 있는 음료가 산사차이다.

산사차

500cc에 산사10g. 하고초 5g, 결명자 10g을 넣고 20분간 끓여서 설탕을 넣어 마신다(고혈압, 고지혈증).

산사 - 소화기능을 활발히 하여 혈압과 콜레스테롤을 내린다 .

하고초 - 눈을 맑게 하며 혈압을 내린다.

결명자 - 간열을 내려 눈을 맑게 한다.

◇ 중풍의 예방

중년기를 넘어 노년기에 들어가면서는 뇌졸증 및 뇌경색으로 인한 중풍이 염려된다. 중풍의 예방은 혈압 및 콜레스테롤 수치의 관리가 중요하며 아울러 옛부터 내려오는 중풍 예방 뜸을 하면 더욱 효과가 있다.

중풍 예방을 위하여 다리의 현종혈과 족삼리혈에 격일로 매일 3~5장씩 뜸을 뜬다. 직접 살에 놓은 직구가 효과적이나 살을 태우지 않는 간접구도 효과가 있다.

현종혈 : 바깥쪽 복사뼈의 끝(외과첨)에서 3촌 올라가 종아리의 바깥쪽 뼈(비골) 후연에 있다.

족삼리혈 : 바로 앉아서 무릎을 굽히고 무릎 뼈 중앙에서 3촌 내려가서 경골외측으로 1촌 되는 곳에 있다.

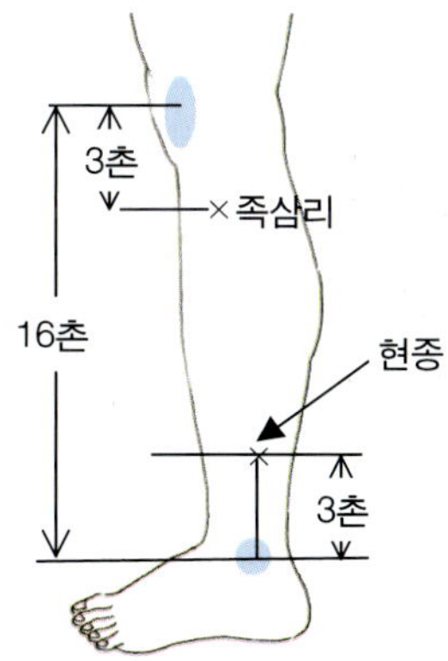

＊ 무릎 뼈에서 외과첨까지 16촌이므로 3/16으로 자리를 잡으면 된다. 손가락의 4횡지가 3촌이다.

비만 다이어트 체중감량

비만의 정의 : 대부분의 사람들은 살이 쪘다 혹은 비만이다 하는 증상은 쉽게 알 수 있다. 그러나 과체중(overweight)과 비만(obesity)은 의학적으로는 BMI(Body Mass Index)지수를 사용하여 구분한다.

BMI = 체중(Kg)/신장(m)*2

즉 체중(Kg)을 키(m)의 제곱으로 나누어 준 수치이다.

예를 들면 체중 80kg, 키 1.7m인 경우

BMI= 80/1.7*2=27.7 이다.

과체중은 BMI지수가 25-29.9, 비만은 30이상으로 분류한다.

그리고 몸의 구성성분에 의하여 여자인 경우 30% 이상 체지방, 남자의 경우 25% 이상 체지방의 경우 비만으로 분류한다.

따라서 보디빌더와 같이 근육이 많고 체중이 많이 나가서 BMI지수는 높으나 체지방이 25%인 경우는 비만이 아니다.

건강하게 체중을 줄이는 법은,

첫째, 총 섭취열량을 줄인다.

둘째, 체지방을 줄인다.

셋째, 섭취한 음식물이 체내에서 효과적으로 활용되도록 몸 기능을 만들어준다.

항목별로 보면,

첫째, 총 섭취열량 줄이기

투입-소모=축적의 공식이다. 즉 먹고 소모하여 남는 것은 그대로 몸 안에 쌓이기 마련이다.

예를 보면 하루에 라면 한 개를 필요보다 더 먹는 경우, 라면 한 개의 열량은 500칼로리 정도이고 이 라면이 체지방으로 축적되면 지방 1g은 9칼로리의 열량이므로 500/9=55하여 55g의 지방으로 변환 축적된다. 체내의 잉여 칼로리는 지방으로 축적된다.

그리고 운동으로 이 라면 한 개의 살을 뺀다면 얼마나 운동을 하여야 할까? 500칼로리의 열량으로는 달리기 1시간 혹은 수영 1시간 반에 해당하는 열량이다. 즉 운동으로 살을 뺀다는 것이 상당히 어렵다는 것을 알 수 있다. 따라서 섭취열량을 줄이는 것이 가장 중요하다. 하루에 필요한 열량은 성별, 나이, 체중, 근육량, 운동량에 따라 다르나 일반적으로 여성은 1400~1700칼로리, 남성은 1700~2000칼로리이다.

둘째, 체지방 줄이기

섭취열량을 줄이고 나면 체지방을 줄이기 위하여 지방이 들어 있는 음식의 제한과 운동으로 지방을 태워주어야 한다. 섭취한 지방뿐 아니라 잉여분의 탄수화물도 지방으로 전환되어 체내에 축적이 되므로 밥, 곡물류의 탄수화물도 필요 이상 섭취하지 말아야한다.

운동으로 체내의 지방 연소시는 운동 후 30분 후부터 지방이 타기 시작하므로 30분 이상 운동을 해주어야 한다. 무리한 운동은 30분 이상 하기가 어려우므로 걷기와 같이 무리가 가지 않는 운동을 꾸준히 해주는 것이 효과적이다. 운동의 장점은 지방의 연소뿐만이 아니라 근육을 키워주며 만들어진 근육은 다시 기초대사를 촉진하여 칼로리를 소모시키는 효과가 있다.

단식과 같은 방법은 음식을 먹지 않으므로 체중은 급격히 빠지나 이때 빠지는 체중은 지방이 아니고 근육인 단백질이 빠지는 것이다. 근육이 빠지면 에너지 소모가 줄기에 단식을 중지하면 다시 체중이 증가하는 요요현상이 생기는 것이다. 요요현상에 의하여 지방이 불어나면 이 지방을 소모하는 데에는 훨씬 많은 노력을 하여야 하는 것이다. 따라서 단식은 체중감량이 아닌 신체기능의 회복 내지 신체기능의 조절수단으로 이용함이 바람직하다. 첫째와 둘째 방법으로 체중감량을 할 때에는 1주에 500g 정도로 하여 1달에 2kg을 목표로 꾸준히 감량하는 것이 몸에 무리를 주지 않아 바람직하다. 비만일 경우에는 콜레스테롤 수치와 중성지방 수치도 같이 높은 경우가 많으므로 콜레스테롤 및 중성지방의 함량이 높은 식품도 피한다. 고지혈증의 경우 체중을 적정수준으로 감량만 하여도 해결되는 경우가 많다. 흔히 무심코 마시는 오렌지 주스 1컵은 오렌지 7개의 분량이다. 오렌지 주스, 사과주스와 같이 단맛이 있는 과일주스는 적극 피해야한다. 콜레스테롤이 많거나 지방으로 쉽게 전환되는 음식은 별표와 같으니 주의해서 표의 식단을 따른다.

	먹어도 되는 음식	피해야 할 음식
생선 고기 가금류	지방이 적은고기 부분 가공유류는 지방함유 1%미만 새우를 제외한 어패류	베이컨, 소세지, 오리 닭의 껍질 부분, 스팸 등의 런천미트, 햄버거, 동물의 내장, 새우, 오징어, 캐비어 등 알류
계란	계란흰자	계란 노른자는 1주 2개 이내
과일	매일 신선한 과일 2컵	코코넛, 야자
채소	신선한 녹황색 야채	버터, 치즈로 가공한 야채
우유	탈지우유, 1% 우유	2% 이상의 우유제품, 2% 이상 우유로 만든 요구르트
빵, 곡물류	버터, 마가린을 쓰지 않은 통 밀빵	계란, 우유, 버터, 마가린을 넣은 빵 종류
스넥 간식류	설탕, 계란을 많이 넣지 않은 간식류	기름에 튀긴 것, 전지우유를 이용한 종류, 아이스크림, 캔디, 잼, 시럽 야쟈유로 만든 시럽
식용유, 유지	불포화지방산의 식용유 (콩기름, 해바라기유, 유채유, 올리브유) 포화지방이 없는 마가린	버터 치즈 포화 지방류 야자유 코코넛 동물성유지 베이컨 아보카도
음료	녹차, 블랙커피, 무가당음료, 1%미만의 우유제품, 술은 2잔 이내/일	2% 이상 우유의 코코아, 설탕, 과당이 있는 과일주스, 콜라, 사이다 등의 가당 음료, 오렌지 주스, 사과주스

셋째, 신체기능의 조절

이상과 같이 먹는 음식을 줄이고 지방을 제한하고 운동을 하여도 체중이 줄지 않는 경우가 있다. 즉 신체 내부에서 수분의 대사기능이 원활하지 못하여 체내에 불필요한 물질이 축적되는 즉 한방에서의 담음(痰飮)의 경우인데 소위 물만 먹어도 살이 찌는 체질을 말함이다.

한방에서는 체내의 수분대사의 관련 장부는 비장 폐 신장 삼초인데 이중 비장의 역할이 크다. 비장은 비주수습(脾主水濕)으로 수액대사를 총괄하며 폐는 호흡과 피부를 통하여, 신장은 소변으로 수액대사에 관련한다. 삼초는 수액의 통로인데 폐와 신장에 이상이 없는 한 비장이 수분대사에 가장 중요한 장기이다. 비장 기능을 튼튼하게 하기 위하여 침구요법으로는 족삼리혈, 중완혈 등을 뜸으로 자극하며 약재로서는 백출이 좋다. 체내에 정체된 수분 내지 담음을 배출하기 위해서는 의이인 즉 율무가 좋으니 백출과 의이인으로 찹쌀죽을 만들어 장복하면 좋다.

◇ 여고생, 젊은 여성의 다이어트

여고생 특히 수험생 그리고 젊은 여성들은 몸매 관리를 위하여 또는 공부 때문에 책상에 앉아 있는 경우가 많고 또한 아침을 거르거나 끼니를 거르는 경우가 많다. 이렇게 되면 비장의 기능이 손상되고 여기에 부족한 수면, 불규칙적 식사에 다이어트까지 겸하게 되면 생리불순에 이어 심하면 생리가 없어지기까지 한다.

규칙적인 식사가 중요한데 식사를 빠지지 않고 챙기기 어려우면 본문에 나와 있는 구선왕도고와 상심계원고를 이용하도록 한다.

그리고 비장기능의 강화와 생리기능의 정상을 위하여 다음의 혈 자리에 뜸을 한다. 뜸은 간접구를 이용하므로 피부손상이나 데일 염려는 없다. 1족삼리혈, 2중완혈, 3기해혈, 4관원혈, 5신궐 신궐혈은 배꼽을 말함인데 배꼽에 가제수건을 깔고 이 위에 왕소금을 깔고 소금 위에 새끼손톱만큼 쑥을 뭉쳐서 3~5장 뜨도록 한다.

상기요법을 실시하면 아래배의 뭉친 기운이 풀어지면서 생리기능도 정상을 찾게 된다.

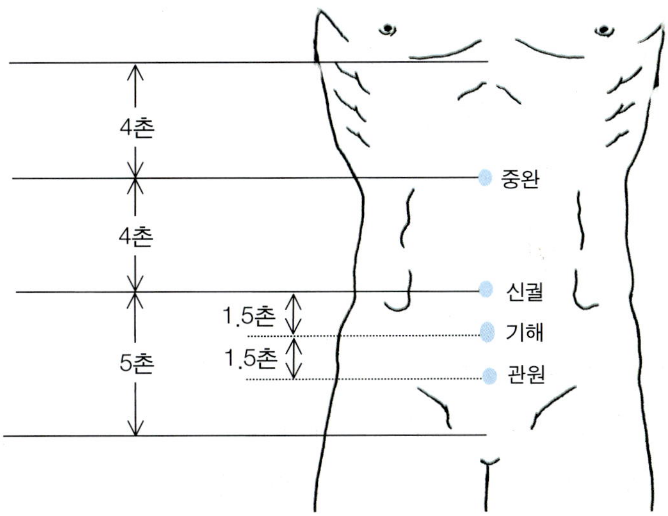

◇ 변비

변비는 여러 가지 종류가 있어 그 처치 방법이 다르다. 노인성 변비인 경우에는 장에 진액이 말라서 발생하는 장조 변비이므로 이 때는 본문의 호두밀과를 이용한다. 배에 열이 있어 변비가 될 시는 녹차대황차를 이용한다. 만드는 방법은 뜨거운 녹차에 대황 4g을 넣어서 20분 기다려 마신다. 이 때 대황은 생대황을 쓴다.

녹차대황차

뜨거운 녹차에 생대황 4g을 넣고 20분간 기다려 마신다.
*임신부는 금한다.

임산부 건강관리

여성들은 임신과 더불어 여러 가지 몸의 변화를 하게 되며 아울러 여러 증상들로 인하여 어려움은 당하게 된다.

출산 전에 흔히 나타나는 증상과 그때의 대처법을 보면

1. **임신오저증** : 소위 입덧으로서 예방과 발생시에의 방법은 죽여를 흔히 사용한다. 본 책 중 죽순해삼탕은 죽여와 죽순을 이용하여 태열을 내리고 입덧을 예방하거나 가볍게 할 수 있는 음식이다. 해삼도 들어가 있으므로 임신 중 기혈도 보할 수 있다. 임신초기에 백출, 향부자, 오약, 진피, 죽여를 주로 하는 보생탕(保生湯)을 몇 첩 복용하여도 입덧을 가볍게 하거나 예방할 수 있다.

2. **자간(子癎)** : 자간증은 임신 중독증에 나타날 수 있는 증상의 하나로서 막상 이 증상이 나타나면 정신질환인가 하여 본인과 가족들은 많은 걱정을 하게 된다. 그러나 자간은 임신 중에 일어나는 경

풍(驚風)으로서 이때에는 진주모와 모려를 이용한 죽을 만들어 먹으면 증상을 완화하거나 무사히 넘어갈 수 있다. 진주모는 진주조개의 껍질이며 모려는 굴 껍질로서 경풍을 내리는 작용을 한다. 본 책 중의 진주모죽을 이용한다. 한방탕제로서는 영양각탕(羚羊角湯)을 이용할 수 있다.

3. 임신 중 감기 : 임신 중에 감기가 들어 머리가 아프고 기침이 나면 양약을 쓰기가 어려워진다. 이런 경우에는 본 책에 있는 행인과 패모를 이용한 패모행인탕을 만들어 먹거나 상엽국화차를 만들어 마신다.

상엽국화차

상엽, 국화 각 5g 행인 4g을 물1000cc에 15분간 끓이고 뜨거운 상태에서 박하잎 3g을 넣어서 식힌 다음 설탕을 넣어 마신다.

◇ 출산 후의 조리

출산을 하게 되면 산모는 출산 과정에서 기혈(氣血)의 손상을 받고 체력을 소모하여 산후의 영양공급 및 조리가 필요하다. 조리 및 조심해야 할 사항을 보면 다음과 같다.

1. 출산 직후에는 몸이 허한 상태로서 바깥 바람을 쏘이면 쉽게 감기가 든다. 따라서 바깥 바람은 절대 피하며 찬물에 담그거나 목욕도 절대 금해야 한다. 만약 찬 기운을 쏘이게 되면 관절에 찬 기운이 응결되어 산후통풍(産後痛風)을 만들게 된다.

2. 산후에는 아직 체력도 회복되지 않은 상태이며 아울러 비위의 소화 기능도 제대로 되지 않은 상태이므로 음식을 담백하게 하며 단백질이 풍부한 음식을 충분히 섭취한다. 날 음식, 차가운 음식, 기름진 음식은 피하도록 하며 차가운 성질의 야채나 과일도 피한다. 즉 무우, 수박, 바나나, 배와 같은 야채나 과일, 그리고 녹차와 커피는 많이 먹지 않도록 한다. 체력회복과 영양섭취에 좋은 음식으로 본 책에 있는 당귀생강양육탕을 이용하며 출산 후 아랫배와 손발이 차고 기혈이 부족한 경우에는 천금양육탕을 이용하면 좋다. 산후조리와 허약체질개선을 위하여 흑염소양골고를 이용하여도 좋다.

3. 출산 후 2~3일이 되면 실내에서 가벼운 활동을 하여 기혈의 운행을

돕고 2주가 되면 체질을 강화하고 체형을 회복하기 위하여 운동을 하나 아랫배에 힘이 들어가는 운동과 무거운 물건을 들어 올리는 것은 삼가 한다. 조심하지 아니하면 자궁 탈수가 될 수 있다.

4. 마음을 안정하고 수면을 충분히 취한다. 너무 기뻐하거나 성내는 등의 급격한 감정의 변동은 기혈을 충동시켜 오로(惡露)가 계속 흐르거나 어지러움증을 일으킬 수 있다.

5. 출산 후 3일이 지나서는 어혈을 풀어주고 오로를 씻어내기 위하여 당귀, 천궁, 도인을 주제로 하는 생화탕(生化湯)을 5~6첩 복용하는 것도 도움이 된다.

6 젖이 부족하여 젖을 나오게 할 경우는 본 책에 있는 족발목통탕이나 족발오징어탕을 이용한다. 이때에 새끼손가락에 있는 소충혈, 소택혈을 사혈하면 더 효과적이다. 소충, 소택혈은 새끼손가락 손톱부위의 양쪽 끝에 있는 혈이다.

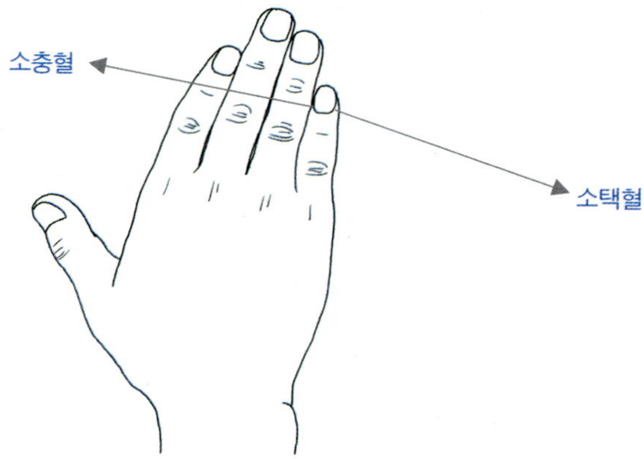

7. 젖을 말리고 싶은 경우 : 젖을 말리기 위하여 방법을 쓰더라도 바로 아이에 젖을 끊을 것이 아니고 젖이 불면 하루 한번 정도는 주면서 방법을 시행하면 시간이 지나면서 서서히 젖이 마르게 된다. 방법은 식혜를 수시로 마거나 인삼을 달여 수시로 마시면 서서히 젖이 마르게 된다. 박하나 부추의 즙을 내어 마셔도 젖이 마르게 된다. 이때 압박붕대를 이용하는데 유방의 젖을 모두 짜내고 압박붕대로 동여매면 유선이 눌려 더 이상 젖이 나오지 않게 된다.

8. 유방이 부어오를 때 :

(1) 양배추를 소금에 절여 잎채로 가슴을 감싼 후 브래지어를 착용한다. 이때 양배추는 사보이 양배추를 사용하면 효과가 더욱 좋다. 사보이 양배추는 일반 양배추보다 소염작용이 더 강하다.

(2) 망초를 물에 타서 1:5의 비율로 만들어 가제수건에 적시고 유방을 덮고 브래지어를 착용한다. 하루 3번 30분간 하며 증상에 따라 가감한다. 유방에 압박감이 줄거나 통증이 사라지면 즉시 중단하여야한다. 아니면 유방이 줄어들 수 있다. 망초는 일반약방에서 구할 수 있다.

(3) 쇠비름 풀을 으깨어서 유방에 붙인다. 쇠비름풀은 약재이름이 마치현인데 각종 염증에 붙이면 소염작용이 강하다.

위의 방법을 사용시에는 유두 끝은 약재가 닿지 않도록 하여야 한다.

4. 약재료 보기

본초정리

감초(甘草) : 콩과 감초의 뿌리로서 해독, 진정, 진경(鎭痙), 소염의 작용이 있으며 약성을 조화한다. 열을 내릴 때는 생감초를 사용하고 보하는 경우에는 꿀에 볶은 자감초를 사용한다.

감실(芡實) : 수련과가시연꽃의 씨이다. 수렴하는 작용이 있어 유정, 대하, 빈뇨에 쓰인다.

건강(乾薑) : 생강을 말린 것으로서 약성이 뜨겁다. 속을 덥히고 양기를 돌아오게 하며 폐에 작용하여 추위를 몰아내고 습을 말려 담을 제거한다.

구기자(枸杞子) : 구기자나무의 성숙한 과실이다. 간신(肝腎)을 보하여 시력감퇴, 어지러움, 유정에 쓰인다. 오래 복용하면 근골이 튼튼하여지고 몸이 가벼워지며 노화를 방지한다.

국화(菊花) : 감국의 꽃을 따서 그늘에 말린 것이다. 감기에 의한 열을 흩어버리며 간열을 내려 눈을 맑게 한다.

계내금(鷄內金) : 닭 모래주머니의 안쪽 껍질을 깨끗이 씻어 말린 것이다. 소화력이 매우 강하여 위장에 가스가 차고 토하거나 체하였을 때 쓰이며 방광과 신장을 수렴하여 빈뇨와 소아야뇨증을 다스린다.

계지(桂枝) : 계수나무의 어린 가지를 말린 것이다. 더운 성질로 경맥의 추위를 몰아내고 땀을 내게 하여 감기 치료의 중요한 약이다.

계피(桂皮) : 계수나무의 껍질이다. 약성이 뜨거우며 양기를 보하여 양기가 허하여 생기는 설사 등에 쓰인다. 부자와 더불어 하초의 양기를 더하는 요약이다.

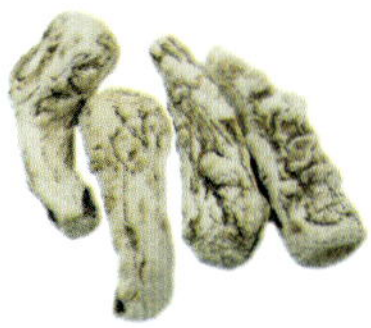

당귀(當歸) : 참당귀의 뿌리이며 혈액을 보하고 순환시키는 중요한 약이다. 또한 기를 순환시켜 통증을 멈추게 하여 부인과에 많이 쓰이며 월경부조 및 산후의 병에 사용한다.

당삼(黨蔘): 만삼이라고도 하며 인삼의 대용으로 많이 쓰인다. 인삼이 체질에 맞지 아니한 경우 에도 쓰이며 인삼 대용시는 인삼량의 3배를 사용한다.

대추(大棗) : 대추나무의 열매이다. 비위가 허약할 때 비위를 보하며 약성을 조화하여 약을 달일시 항상 쓰인다.

도인(桃仁) : 복숭아의 씨이다. 어혈을 풀어주므로 어혈로 인한 생리불순과 타박상에 쓰인다. 임신부에는 쓰지 않는다. 많이 복용하면 중독이 될 수 있다.

동충하초(冬蟲夏草) : 동충하초균이 누에에 기생하여 만들어진다. 신장과 폐가 허하여 생기는 오래된 해수기침과 허리와 무릎이 시큰거리는 증상에 사용한다.

두충(杜冲) : 두충의 껍질로서 간신(肝腎)을 보하여 근골을 튼튼히 하며 임신 중 태아를 안정시킨다.

목통(木通) : 으름나무의 줄기를 말린 것으로서 이뇨, 소염작용이 있다.

맥아(麥芽) : 겉보리를 싹내어 말린 것이다. 국수류를 먹고 체하였을 때 소화를 시키고 젖을 멈추게 한다.

방풍(防風) : 방풍의 뿌리와 줄기이다. 성질이 가벼워 위로 오르기에 전신의 풍사를 발산시키며 피부 가려움에도 쓴다.

별갑(鱉甲) : 자라의 등껍질로서 음을 보하며 풍을 내리고 어혈을 풀고 통경시킨다. 자음하고 보신하는 효능이 강하다.

복령(茯苓) : 소나무 뿌리에 기생하는 복령균의 덩어리이다. 비위를 보하고 체내의 불필요한 수분을 소변으로 배출시키며 마음을 안정시킨다.

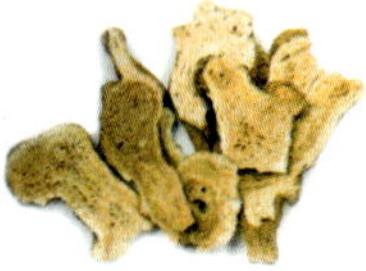

백출(白朮) : 국화과 삽주의 뿌리줄기이다. 주로 비위가 허약하여 소화가 잘 안되는 경우와 비장에 습이 있을 때 사용한다. 비위를 보할 때는 볶아서 사용한다.

백작약(白芍藥) : 작약의 뿌리로서 혈을 보하고 생리를 통하게 하며 간에 작용하여 통증을 멈추게 한다.

백편두(白扁豆) : 제비콩의 씨이다. 비위를 튼튼히 하며 중초를 조화하여 설사를 멈추게 하며 비장이 허하여 백대하가 있을 때 쓴다. 또한 더위를 물리친다.

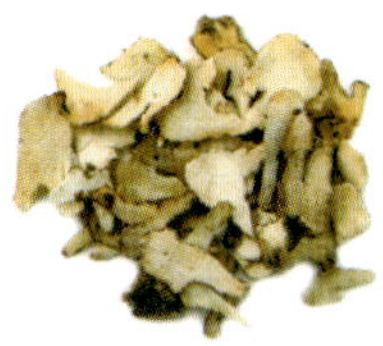

백급(白芨) : 난초과 자란의 덩이줄기이다. 지혈을 하며 상처를 복구하는 효력이 좋다. 각종의 내상 및 외상에 의한 출혈 및 복구에 쓴다.

백합(百合) : 백합과 참나리의 비늘줄기이다. 심폐에 들어가 폐를 자윤하고 기침을 멈추며 마음을 안정시켜 불면, 허번에 쓴다.

사삼(沙蔘) : 도라지과 잔대의 뿌리이다. 폐와 위에 들어가 열을 내리고 진액을 만들어 줌으로 오래된 해수에 쓰이며 위에 작용하여 위액의 분비를 촉진하여 식욕부진에도 사용한다.

사인(砂仁): 생강과에 속하는 축사의 씨덩어리이다. 중초와 하초의 기체를 풀어주고 비위에 작용하여 소화를 도우며 임신기체의 태동불안에도 쓰인다.

산매(酸梅) : 잘 익은 매실을 따서 소금에 절이고 그늘에 말린 것이다. 담즙분비를 촉진하여 소화를 돕고 진액을 만들어 갈증을 멈춘다.

삼칠(三七): 중국인삼이라고도 하며 보혈을 하며 타박이나 베인 데에 지혈효과가 뛰어나다.

상심자(桑椹子) : 뽕나무의 열매인 오디이다. 음을 보하여 마음을 안정시키고 장을 윤활하게 하여 변비를 치료한다.

상엽(桑葉) : 뽕나무의 잎으로서 서리를 맞은 후에 따서 볕에 말린다. 폐의 풍열을 흩어버리며 간과 담의 화를 내려 눈을 맑게 한다.

산약(山藥) : 마의 뿌리이다. 기를 보하며 수렴성이 있어 비위를 보하여 설사를 멈추고 신을 보하여 유정을 막고 대하를 멈추게 한다.

산사(山楂) : 산사나무의 열매이다. 육식으로 인한 소화불량과 식체에 효과가 뛰어나고 고혈압과 협심증에도 쓰인다. 위산분비를 촉진한다.

산수유(山茱萸) : 산수유의 씨를 제거한 과육이다. 간과 신을 보하여 정기부족으로 인한 유정, 요실금과 대하에 쓰인다.

생강(生薑) : 생강의 뿌리줄기이다. 폐에 들어가 풍한을 몰아내고 담을 제거하며 비위에 작용하여 속을 덥히고 습을 제거하여 구토를 멈추게 한다.

석결명(石決明) : 전복의 껍질이다. 간에 들어가 화기를 내리고 간음을 보하여 눈을 맑게 하고 경련을 진정시킨다.

속단(續斷) : 속단의 뿌리줄기와 뿌리이다. 간과 신을 보하며 타박상이나 근골이 손상되었을 때 뼈를 이어주며 임신 중 태아를 안정시킨다.

연자(蓮子) : 연꽃의 씨이다. 비위를 보하며 양심 익신(養心益腎)하고 수렴하는 작용이 있다. 위장이 허하여 오는 설사와 불면증, 붕루, 대하를 다스린다.

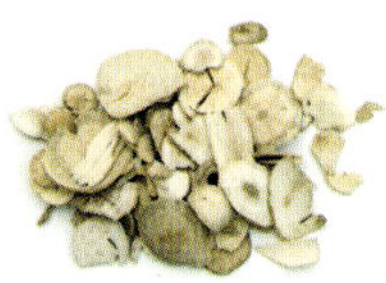

오약(烏藥) : 오약의 뿌리이다. 따뜻한 기운으로 기를 소통시켜 통증을 없애고 방광의 냉기를 없애 소변이 잦은 증상에 쓰인다.

오적골(烏賊骨) : 갑오징어의 뼈를 깨끗이 씻어 말린 것이다. 해표초라고도 하며 수렴지혈 하여 위산과다, 위궤양 등에 효과가 있다.

옥미수(玉米鬚) : 옥수수수염이다. 이뇨작용이 있어 체내의 수분을 소변으로 배출하여 부기를 내린다.

용안육(龍眼肉) : 용안나무의 열매로서 원육이라고도 한다. 심과 비장에 들어가 마음을 안정시키며 비위를 강화한다. 일반적으로 기혈 부족에 널리 쓰인다.

우슬(牛膝) : 쇠무릎풀의 뿌리이다. 어혈을 풀어주며 간신을 보하여 무릎을 튼튼히 한다. 약의 기운은 아래로 내려가는 성질이 있어 임신 중이나 생리 중에는 쓰지 않는다.

음양곽(淫羊藿) : 삼지구엽초라고도 하며 신장의 양기를 보하고 풍습을 제거하여 통증을 완화하며 근골을 튼튼히 한다.

익지인(益智仁) : 생강과의 익지의 열매이다. 비위를 따뜻하게 하며 신과 방광을 덥혀서 신, 방광의 허한에서 오는 유정과 빈뇨, 야뇨를 치료한다.

인진(茵蔯) : 사철쑥의 잎과 줄기이다. 습열에 의한 황달에 주로 쓰인다.

의이인(薏苡仁) : 율무이다. 습을 제거하여 소변으로 내리고 비장을 튼튼히 하며 작용이 완만하므로 죽이나 음식에 많이 활용된다.

죽여(竹茹) : 솜대나무의 중간 껍질이다. 폐와 위에 들어가 열을 내리며 임신중 태열을 내려 구토를 멈춘다.

지황(地黃) : 지황의 뿌리이다. 신선한 지황은 혈분에 들어가 열을 내리고 음을 보한다. 9번 찌고 말린 숙지황은 신을 자양하고 정혈을 보한다. 비위 허약시는 소화가 잘 안된다.

진주모(珍珠母) : 진주조개의 껍질이다. 간에 작용하여 경련을 멈추게 한다.

진피(陳皮) : 귤 껍질을 말려 4년 이상 숙성한 것이다. 비위의 기를 소통시켜 소화를 돕고 폐에 들어가 담을 삭히고 기침을 멈추게 한다.

천마(天麻) : 천마의 뿌리이다. 간경에 들어가 두풍을 없애며 어지러움증에 쓰인다.

천궁(川芎) : 천궁의 뿌리줄기이다. 활혈행기 하여 기를 온 몸에 두루 순환시키어 통증을 없애며 월경이 고르지 않거나 산후 아래배가 아픈 경우에 쓰인다.

파극(巴戟) : 파극천의 뿌리이다. 신장에 들어가 양기를 보하고 근골을 튼튼히 한다.

패모(貝母) : 백합과 패모의 줄기비늘로서 천패모와 절패모가 있다. 절패모는 우리나라에서 생산되고 천패모는 중국의 사천지방에서 자란다. 폐에 작용하여 폐열을 내리고 담을 삭힌다. 열을 내리는 작용은 절패모가 강하고 천패모는 폐음을 보하여 기침해수에 쓰인다.

하고초(夏枯草) : 꿀풀의 꽃이삭이다. 열을 내리고 간에 들어가 눈을 맑게 하며 혈압을 내린다.

하수오(何首烏) : 하수오의 뿌리이다. 생으로 쓰면 장을 윤활하게 하여 변비를 소통시키고 수치를 한 제수오는 간신을 보하며 정혈을 더하고 머리를 검게 한다.

하엽(荷葉) : 연잎이다. 더위를 물리치며 수렴하는 성질이 있어 비위가 허하여 오는 설사를 멈춘다.

행인(杏仁) : 살구의 씨이다. 기침을 멈추고 담을 삭이며 장을 윤택하게 하여 통변시킨다. 독성이 있으므로 과량사용과 아기에게는 금한다.

호두(胡桃) : 호두나무의 열매이다. 신을 보하여 허리와 무릎을 튼튼히 하며 폐에 들어가 오래된 해수를 치료한다. 그리고 유지를 포함하고 있어 변비에 사용한다.

황기(黃蓍): 황기의 뿌리이다. 인삼과 더불어 기를 보하는 대표약제로서 기를 위로 올리는 성질이 있어 탈항, 자궁탈수에서 장기를 위로 올리며 양기를 더하고 허약하여 식은땀이 나는 경우에도 쓰인다. 그리고 새 살을 돋게 하고 기혈을 보한다.

황정(黃精) : 둥굴레의 뿌리이다. 비위를 보하며 폐와 신장에 음을 보충하여 마른기침과 가래가 있으며 열이 있는 경우에 쓰인다. 음이 허하여 속에 열이 있을 때에도 좋다.

홍화(紅花) : 홍화의 꽃이다. 활혈하여 어혈을 풀어주어 생리를 통하게 하며 산후복통에도 쓰인다. 씨는 홍화인으로서 근골을 튼튼히 하여 접골을 한다.

참고문헌정리

1. **방약합편(方藥合編)** : 조선고종 때에 전의(典醫)를 지낸 황도연(黃度淵)선생이 동의보감을 기초로 하여 증세에 맞게 처방을 구성하였으며 여기에다가 각종 약재의 성질과 쓰임을 기록한 손익본초(損益本草)를 추가하고 구급법, 약을 쓰는 방법, 금기사항을 넣어서 만든 저서이다.

   황도연 선생은 1807년 순조7년에 출생하였으며 본관은 창원 호는 혜암(惠庵)이고 철종시에는 서울 무교동에서 찬화당(贊化堂)이라는 한의원을 운영하여 명의로서 이름이 높았다.

   방약합편은1884년에 선생의 아들 항촌 황필수(恒村黃泌秀)와 선생의 수제자 미은 현공암(美隱玄公庵)이 출판한 이후 오늘날 한방업계에서 가장 많이 보는 책으로서 널리 애용되고 있다.

2. **동의수세보원(東醫壽世保元)** : 사상체질의학을 만들어 낸 동무 이제마(東武李濟馬)선생의 저술이다.

   이제마 선생은 1838년 함경남도 함흥에서 태어나 1892년 진해현감을 지냈으며 일생의 임상경험을 바탕으로 하여 체질에 바탕을 두고 병증을 분석하는 사상체질의학을 만들고 체계화하였다. 사람의 체질을 태양인, 소양인, 태음인, 소음인으로 구분하여 진료하는 사상이론에 기초하여 선생이 만들어낸 저술이 동의수세보원이다.

3. 금궤요략(金櫃要略) : 중국 한(漢)나라 환제(桓帝)시대의 장중경(張仲景)선생의 저술이다.

장중경 선생은 한 남양군(漢南陽郡)출신이며 서기 219년에 돌아가시었다. 저서로는 상한잡병론(傷寒雜病論)이 있는데 이를 상한론(傷寒論)과 금궤요략(金櫃要略)으로 구분하여 통용되고 있다.

상한론은 지금으로부터 1800년 이전에 감기의 여러 증상을 증세의 진행별로 구분하여 병의 발전과 처방을 제시하였으며 지금 까지도 이 처방은 널리 쓰이고 있다.

금궤요략은 상한잡병론에서 상한론을 제외한 잡병이론의 책으로서 잡병과 부인과 질환을 다루고 있다. 중국역사상 화타, 편작에 비견되는 명의로서 추앙을 받고 있다.

4. 황제내경(黃帝內經) : 중국춘추전국시대의 의서로서 작자는 미상이나 한의학이론의 제일 오래된 책으로서 한의학이라는 학문은 이 책으로부터 시작되었다.

소문素問과 영추(靈樞) 두 편이 있으며 소문편은 한의학의 기초이론이며 영추편은 침(針)의 이론서이다.

춘추전국시대의 의술에 관한 사상을 집대성한 것으로서 중국 삼황오제(三皇五帝) 중의 황제(黃帝)와 그 신하 기백(岐伯)과의 문답형식으로 한의학 이론을 전개한 책이다.